おとなの週末
責任編集

東京肉おいしい店

講談社ビーシー・講談社

目次

はじめに

今はおいしい店をネットで手軽に探せる時代です。
しかし、本当に満足できる店や友人、家族を連れていきたくなる店がすぐに見つかるのでしょうか。
私ども『おとなの週末』は2001年の創刊時から、徹底した覆面調査を重ね、
編集部が自信をもっておすすめできる「本当においしい店」だけを掲載してきました。
本書は2015年9月号以降に掲載してきたステーキや焼肉、とんかつ、焼鳥などの三ツ星店、
すなわち〝東京のおいしい肉料理店〟を1冊にまとめたものになります。
具体的には、焼肉やステーキなどの「牛」、とんかつや焼きとんなどの「豚」、
焼鳥や親子丼などの「鶏」といったカテゴリー／メニューごとに分類・掲載しています。
この1冊があれば、ネットで「東京　肉　おいしい店」と検索しなくても、
満足できる店を必ず見つけることができると自負しています。
仲間同士や家族と、仕事先との接待で、大切な方との記念日に——。
さまざまなシーンで使える肉本の決定版、どうぞご活用ください。

『おとなの週末』編集部

本書の見方

本書は2015年9月号以降の月刊誌『おとなの週末』に掲載された店舗を再構成しております。そのため、写真は取材時のもので、現在扱われていないメニューなども含まれています。また、食材の入荷や仕入れ状況および時期に応じて変更される場合があります。あらかじめご了承ください。ほか、店舗情報は2018年11月末現在のものです。詳しくは店舗にお問い合わせください。

ジャンルは「牛」「豚」「鶏」と肉ごとに分け、さらにジャンル内で「牛」であれば、ステーキ、焼肉、ホルモンなどで掲載しております。巻末にてエリアごとの店舗リストをまとめておりますので、ご活用ください。

各店舗のメニューや価格は注意書きがない限り、税込みで表記しています。

データは、(営)が開店から閉店、またはラストオーダー（LO）の時間を示しています。(休)は原則定期的なものを記載していますす。年末年始、お盆、大型連休などは変更される場合があります。(席)は店の収容人数を知るひとつの目安として、(交)はひとつの交通手段としてご活用ください。

お酒のメニューは(ピ)＝ビール、(焼)＝焼酎、(日)＝日本酒、(ワ)＝ワインを示しています。価格は目安としてご参考ください。

牛肉

ステーキ

滴る肉汁とふくよかな旨みに悶絶 渋谷で大人気のビストロで 極上の赤身肉を堪能すべし！

山形牛ランプ肉の厚切りステーキ 200g～ 4600円～

（写真は400gで2～3人前）

サシの少ないランプ肉を塊で焼き上げた、リベルタンの名物ステーキ。噛みしめれば香ばしい肉汁がほとばしる、豪快なひと皿

1

3

パテと豚肉のリエットの盛り合わせ
1700円

2

馬肉もも肉のタルタルとサラダ
4000円

1／連日満席が続く明治通り裏の人気ビストロ。胃にもたれない赤身肉は年配客にも好評とか　2／新鮮な馬肉はおだやかな旨みで、疲れた体を癒してくれる　3／ワインがすすむパテやリエットは単品でも注文可。写真のように盛り合わせにもしてくれる

牛肉　ステーキ

リベルタン

Area_ 渋谷　　Tel_ 03-6418-4885

「今夜は赤身肉を食べたい！　それも分厚いステーキで」というときにおススメしたいのが、渋谷の人気ビストロ『リベルタン』。ほとんどの客が注文するという、開店以来の看板メニュー「山形牛ランプ肉の厚切りステーキ」は、多めの油で表面をカリッと香ばしく焼き上げ、いったん休ませた後にオーブンで温めて提供される。鼻孔をくすぐる香りと焼ききった赤身ならではの旨みにしばし陶然とし、ワインを流し込めば「あぁ……」というため息がこぼれてくる。豊富に揃った自然派ワインとステーキの饗宴を心ゆくまで満喫したい。

東京都渋谷区渋谷1-22-6　伊藤ビル1F　㊔19時半～翌2時（温かい料理は22時LO）　㊡日・祝　㊢カウンターほか、全18席／全席禁煙／カード可　㊇地下鉄半蔵門線ほか渋谷駅13a出口から徒歩5分

［酒］㊦生（ハイネケン）700円　㊰なし　㊐なし　㋻グラス（赤・白）1000円～、ボトル6000円～

脂の甘みと赤身のコクのバランスが絶妙！ A4黒毛和牛を豪快に食す

腰塚ステーキ
240g 3780円

腰塚の
タルタルハンバーグ
150g 1620円

1／イチボやランプといった赤身部位を使用し、力強い旨みを堪能できる。赤だしや漬物が付くご飯セットは＋324円　2／塩漬けした牛肉を手作業で丁寧にほぐし、口どけのよい乳部分の脂と合わせた『千駄木腰塚』名物のコンビーフはご飯との相性バッチリ　3／黒毛和牛100％の贅沢ハンバーグをレアに焼き上げている。付属のペレットで火を通して、熱々をいただきたい

自家製コンビーフ＆
ステーキ重
1382円

ハンバーグ＆ステーキ 腰塚 自由が丘正面口店

Area_ 自由が丘　Tel_ 03-3718-4010

東京食肉市場で仲卸会社も営む精肉店『千駄木腰塚』とタッグを組んだ専門店。熟練の目利きによって仕入れる黒毛和牛を使ったステーキやハンバーグを手頃な価格で楽しませてくれる。ステーキに使用するのは、ほどよく脂がのり、かつ赤身の濃厚な旨みも感じることができるA4ランク黒毛和牛のみ。素材の魅力を引き立てるため、シンプルに塩とコショウをまぶし、好みの焼き加減で仕上げてくれる。また新鮮な黒毛和牛の挽き肉を使用し、店で手ごねで作るタルタルハンバーグも名物。ステーキとのコンビネーションメニューも人気だ。

東京都目黒区自由が丘1-29-7 薮伊豆ビル2階 (営)11時半～15時（14時半LO）、18時～23時（22時15分LO）、土・日・祝は通し営業　(休)無休　(席)全48席／全席禁煙／カード可　(交)東急東横線ほか自由が丘駅正面口から徒歩1分

［酒］(ビ)生540円　(焼)なし　(日)なし　(ワ)グラス756円、ボトルなし

セリから解体まで一貫体制により実現した驚きの質と価格

1／シェフが選ぶ本日のステーキ150gに、サラダ・ご飯・味噌汁などが付く。この日は極上のヒレステーキで、上品な甘みと豊かなコクが口中に広がる　2／黒毛和牛のモモ肉を使用。柔らかくもしっかりとした歯応えがあり、ほとばしる旨みに大満足。大きさは120g

ステーキハウス さとう

Area_ 吉祥寺　Tel_ 0422-21-6464

メンチカツで有名な精肉店『さとう』が店舗の2階で営むステーキハウス。一流の目利き人であるオーナーが、みずから市場に足を運んでセリ落とし、脱骨から肉の成形まで一貫して自社で行う。徹底したコストカットをしているため、高品質な黒毛和牛をリーズナブルな価格で提供できるのだ。そんな極上の牛肉を鉄板で焼き上げてくれるのが、この道20年のベテランシェフ。熟練の技による絶妙な火の入れ具合で、それぞれの肉が持つポテンシャルを最高潮に引き出してくれる。一度味わえば、その品質とコスパの高さに納得するだろう。

東京都武蔵野市吉祥寺本町1-1-8　2階　㊔11時～14時半LO、17時～20時LO、金11時～14時半LO、17時～20時半LO、土・日・祝11時～14時半LO、16時半～20時半LO　㊡無休　㊢カウンターほか、全16席／全席禁煙／カード不可　㊇JR中央線ほか吉祥寺駅北口から徒歩2分

［酒］㋪中瓶600円　㋛なし　㊐なし　㋻グラス700円、ボトル3000円

牛肉の老舗が
選び抜いた
〝適サシ肉〟とは？

1／ステーキやすき焼き肉の成形の際に出る切れ端を使用するため、上質な肉をおトクに味わえる。ステーキは塩・コショウを振ってから焼き上がる直前に醤油とブランデーをかけ、香りよく仕上げる　2／ほどよいサシが入り、上品な脂の甘みのなかにも、牛肉のしっかりとしたコクを感じられる

ちんや亭

Area_ 浅草　　Tel_ 03-3841-0010

明治13年創業のすき焼きの老舗。その地下1階では昼のみ営業するカウンターだけのカジュアルなレストランを構えている。

メニューは名物のすき焼きの他に、ハンバーグやステーキなどを手頃な価格で提供する。今年から始まった新たな取り組みが、過度な霜降り肉よりも健康的に育てられた牛の適度なサシが入った肉、〝適サシ肉〟の使用だ。黒毛和牛の雌牛を一頭買いし、約1ヶ月の熟成を経て甘みや風味を充分に引き出してから提供している。長年牛肉を扱ってきた老舗が認めたその味を堪能したい。

東京都台東区浅草1-3-4 ちんやビル 地下1階 (営)11時半～16時(15時LO) (休)火・水 (席)全16席／全席禁煙／カード可 (交)地下鉄銀座線ほか浅草駅1番出口から徒歩1分

[酒] (ビ)小瓶500円、中瓶720円 (焼)なし (日)1合700円～ (ワ)グラスなし、ボトル2000円～

豪快な肉料理をワインと共に

牛・鴨・豚のハンバーグ
赤ワインデミグラスソース
ポーチドエッグ添え
（昼限定30食）1000円

1

本日の鮮魚の軽いスモーク
季節の野菜添え 1598円

2

牛肉　ステーキ

45日間熟成
牛ロース肉ステーキ
100g 2808円

3

1／ランチの人気メニュー。牛肉のスジなどからダシを取って煮込んだデミグラスソースも絶妙　2／写真は40秒ほどスモークしたクロダイ。栃木県の川田農園などから仕入れた旬の野菜を添える　3／旨みが濃い北海道函館産の大沼牛を厳選。湿度と温度を管理した専用庫で骨付きのまま45日間熟成。ナッツ香の奥深い味わい。熟成肉は限定で提供。熟成を施さない大沼牛のステーキもある

ル・ヴァン ドゥ

Area_ 銀座　　Tel_ 03-6263-0955

銀座三丁目のビストロ『ル・ヴァン・エ・ラ・ヴィアンド』が２０１６年に出店した2号店。「高級フレンチが多い銀座で気軽に楽しめる入門的な店になれば」と、ダイナミックな料理を仲間とシェアしながら堪能できる。

必食すべきは赤身の旨みを味わえる函館産大沼牛のステーキ。店のために業者が熟成を施したロース肉は奥深い味わいだ。ほかにも猟師関係の身内がいるというオーナーのルートで仕入れる鹿や猪などジビエも人気で、時季により熊肉が登場することも。鴨肉を使う昼のハンバーグも絶品だ。

東京都中央区銀座3-3-12　銀座ビルディング地下1階　(営)11時半～15時（14時半LO）、18時～23時半（21時半LO、金は22時LO）、土のディナーは17時半～　(休)日・祝　(席)カウンターほか、全43席／全席禁煙（カウンターのみPloom TECH可）／カード可　(交)地下鉄銀座線ほか銀座駅C8出口から徒歩1分

[酒] (ビ)生グラス864円　(焼)なし　(日)なし　(ワ)グラス734円～、ボトル3456円～

牛肉×バター×ソース 三味一体の波状攻撃に ご飯がとまらない!

リブロースステーキ
250g 1890円
(昼はライス・サラダ付きで1706円)

1

2

ヒレステーキ 150g 2019円
(昼はライス・サラダ付きで1944円)

1／ガツンとくる肉々しさを味わいたいならコレ! しっかりとした歯応えで、パワフルな旨みも満点。ランチは150g1026円～とかなりおトクに味わえる 2／ステーキはどれも秘伝のソースを絡めながら焼くことで、香ばしさがたっぷり。巻いたベーコンでコクをプラス

ル・モンド 下北沢店

Area_ 下北沢　Tel_ 03-5790-9767

平成元年に創業した新宿西口で行列を作るステーキ専門店がオープンさせた2号店。オーストラリア産の厳選した牛肉を使用するステーキは、リブロース、ヒレ、サーロインの3種類。遠赤外線のグリルでじっくり火を通し、ふっくらジューシーに焼き上げる。ステーキを彩るのは、先代がご飯との相性を重視して考案した、醤油ベースの秘伝のソースと、数種類のスパイスの香りをうつした香味バター。これらがタッグを組み、力強いコクと風味のステーキをトコトン引き立て、ご飯が進んで仕方がない。ぜひとも試してほしい逸品だ。

東京都世田谷区北沢2-29-14 第11FMGビル1階 ㊎11時半～14時半LO、17時半～21時45分LO、土・日・祝11時～14時45分LO、17時～21時45分LO ㊡火 ㊛カウンターほか、全20席／全席禁煙／カード可 ㊈京王井の頭線ほか下北沢駅北口から徒歩3分

[酒] ㋞生594円 ㊕なし ㊐なし ㋻グラス540円、ボトル3024円～

とにかく肉、肉！ そんな気分に応えてくれる豪快な肉食堂

1 Salt Beef Plate[SBP] 1598円

3 SBPボウル 1026円（昼は990円）

2 Tボーンステーキ 100g 918円

1／稀少部位の“ザブトン”をレアに焼き上げて、ホースラディッシュや青唐辛子の薬味と共にいただく　2／ヒレとサーロインを同時に味わえる　3／1をご飯にのせた、ランチやディナーの〆の人気メニュー

Salt 恵比寿

Area_ 恵比寿　　Tel_ 03-6451-0176

牛肉を豪快かつリーズナブルに味わいたい！　そんな願いをかなえるのが２０１６年にオープンしたこちらの肉バルだ。35日間ドライエイジングした黒毛和牛のステーキや、ヒレとサーロインを同時に味わえるTボーンステーキなどメニューも多彩。表面をフライパンでグリルしてから高温のオーブンで火入れし、ジューシーでふっくらと焼き上げている。コスパ重視で選んだ約50種類のワインと共に堪能すれば、舌も胃袋も大満足！　〆は人気の「ＳＢＰボウル」を。醤油とバルサミコ酢をベースにした特製ソースが光る逸品だ。

東京都渋谷区恵比寿南1-3-2 エルスタンザ恵比寿地下1階 ㊑11時半～14時半（14時LO）、17時～24時（23時半LO） ㊡無休 ㊖全64席／全席禁煙／カード可 ㊂JR山手線ほか恵比寿駅西口から徒歩3分

［酒］㋪生583円～　㊆なし　㊐なし　㋻グラス540円～、ボトル2678円～

焼肉

神田の路地裏で名店発見！メディア初登場の激旨肉

黒毛和牛A5ランク「仙台牛」を主に使う。炭火で香ばしく焼けば、赤身独特のまろやかな旨みと芳醇な香りがあふれ出る。ちなみに「俺の」系列とは一切関係なく、個人店だ

デラックス盛りハーフ
400g 6500円
3

本日の
おすすめ部位(クリ)
1480円
1

1／腕部分の希少部位。濃厚な赤身の旨みと歯切れの良い食感が魅力。仕込みは肉塊をカットし、余分な脂身やスジを丁寧に取り除く。部位によって切り方を変え、例えば中落ちカルビはサイコロ状に、サシの多い部位は大判で薄切りにするなど食べた時の味わいを計算して仕込んでいる　2／リブロースなどの端材を使った人気の〆。自家製コチジャンで絶妙な旨辛味に仕上げている　3／その日おすすめの赤身肉と霜降り肉を6〜7種類ほどバランスよく組み合わせた看板メニュー。写真はシャトーブリアンやリブ芯など

2
和牛ユッケジャンクッパ
750円

俺の肉

Area_ 神田　　Tel_ 03-3255-1129

店名の由来は「お客さんが『それ俺の肉ッ！』と奪い合うほど旨い肉を提供したい」という店主の思いから。フレンチの肉料理担当で牛やジビエなどあらゆる食材を扱ってきた経験を生かし、焼肉店で修業した末に独立を果たした実力派だ。「絶対に手を抜かない」と力を込めるのは仕入れ。サシの入り方や筋肉の繊維などを見極め、主に黒毛和牛A5ランクの口当たりまろやかな仙台牛を厳選。とりわけモモ系など赤身の希少部位にこだわり、冷凍保存は一切しない。まずは肉を知り尽くした店主自慢の「デラックス盛り」を試してほしい。

東京都千代田区内神田3-15-10 東海神田ビル1階　㊖17時〜23時半(23時LO)、土・祝17時〜22時半(22時LO)　㊡日　㊢カウンターほか、全27席／全席喫煙可／カード可　㊛JR山手線ほか神田駅西口から徒歩1分

[酒] ㋪生小400円〜　㊚グラス480円〜、ボトル2800円〜　㊐グラス480円〜　㋻グラス450円〜、ボトル2180円〜

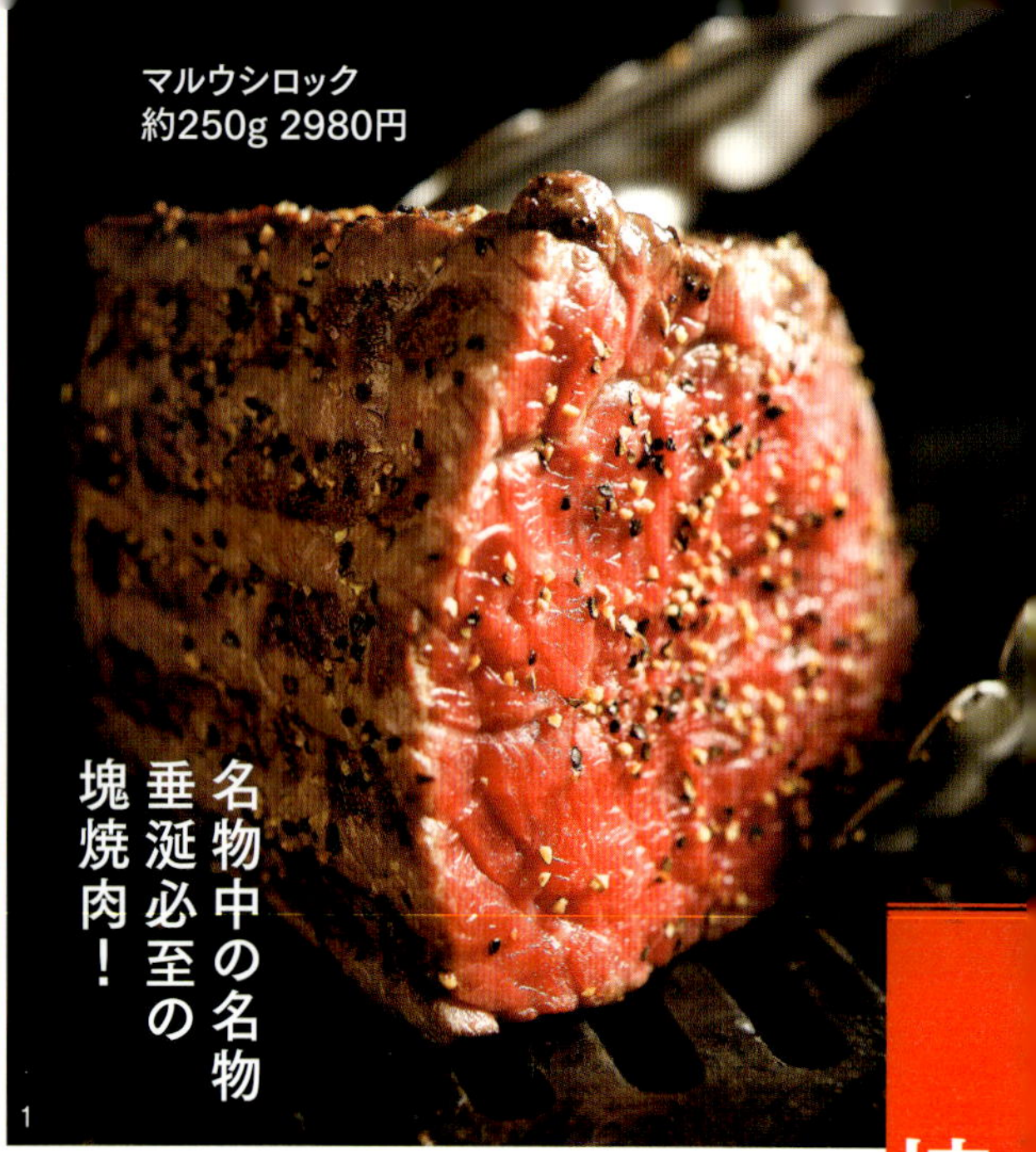

1／250gの赤身ブロックを豪快に網の上へ。表面を焼いて旨みを閉じ込める。この日の部位は肩三角　2／写真1で表面を焼いた肉は厨房でスライスしてローストビーフ風に盛り付け。これを再びサッと炙っていただく　3／特製ダレを絡めたリブロースに生ウニを巻いて食す贅沢コラボ

焼肉×バル **マルウシミート** 新橋店

Area_ 新橋　　Tel_ 03-5501-2261

銀座で人気の焼肉店が新橋に待望の姉妹店を誕生させた。最大の魅力は斬新な名物メニューの数々だ。築地直送の生ウニと極上リブロースがコラボしたスペシャリテ「リブ芯の贅沢うにロール」を筆頭に、赤身肉の塊を豪快に焼く「マルウシロック」（1日限定10食）などビジュアル満点の料理が肉通を唸らせている。牛はプロが選んだA5・A4ランクの黒毛和牛で、もちろん味はお墨付き。自慢のリブロースは常時50本を自社で保有し、最大35日熟成。その時に一番いい状態のものが随時店に運ばれてくる。リピート必至の一軒だ。

東京都港区新橋3-6-5 佐藤ビル1･2階 (営)17時～23時（22時半LO）、土17時～22時（21時LO） (休)日･祝 (席)全51席／全席喫煙可／カード可 (交)JR山手線ほか新橋駅烏森口から徒歩4分

［酒］(ビ)生580円～ (焼)グラス480円～、ボトル2800円～ (日)グラス560円～ (ワ)グラス460円～、ボトル2000円～

コース仕立てで焼肉を。人気店の新たな挑戦

1／仕入れで部位は変わる。この日はミスジや上タンなど。「獺祭」に漬け込んだハラミは定番　2／木箱に美しく盛り付けられた「にく匣」はひとり1箱のオーダーが基本。肉質や量によって3種類を用意。前菜や食事などのセットを頼めばコース仕立てに　3／脂身好きにはたまらない見事なサシ

肉亭 ふたご

Area_ 新宿　　Tel_ 03-6205-6525

料亭のようなおもてなしの焼肉を楽しみたいのなら、こちらをおすすめしたい。新宿の喧騒を忘れさせる和の空間で供されるのは「にく匣《はこ》」という黒毛和牛の盛り合わせ。希少部位など、その日仕入れた厳選部位を満喫できる。実はここ、「はみ出るカルビ」が看板の『大阪焼肉・ホルモンふたご』の新業態。これまでとは趣を変えて2016年6月にオープンした。先付から始まり、肉刺しや肉寿司、旬の食材を使った一品まで盛り込んだ季節のコースもあるので、ぜひ「にく匣」とともにオーダーを。記念日など特別な日に訪れたい店だ。

東京都新宿区歌舞伎町1-18-9WaMall歌舞伎町10階　営17時～24時(23時LO)　休無休　席カウンターほか、全50席／全席喫煙可／カード可　交JR山手線ほか新宿駅東口から徒歩5分

[酒] ビ生648円～　焼グラス594円～、ボトル3780円～　日グラス756円～　ワグラス702円～、ボトル4104円～

1／a.瑞々しい白菜の芯で作る浅漬けキムチ b.サッと炙って卵黄にくぐらせご飯を巻いていただく c.鶏、豚、牛肉を使った3種の前菜　2／この日の焼き肉は上タン、サガリ、イチボなど
※予約時間の120時間前～48時間前までがコース料金の半額、48時間前からはコース料金の全額キャンセル料がかかります

洗練されたコース料理の数々なんとも驚きのサービスが！

肉処 香月《かつき》

Area_ 赤羽　　Tel_ 03-6454-3774

赤坂や八重洲の有名店で腕を磨いた店主が作る肉料理のコースを、古民家を改築した風情ある店内で楽しめる人気店。コースは自家製のコンビーフをのせたサラダから始まり、前菜、上質な黒毛和牛の焼き物など、多彩な味を少量ずつ盛り込んでいる。驚きなのが店のルールや節度を守れば、あくまでサービスとして、地酒や焼酎、ワインなどのアルコールがすべて無料になるというのだ。2時間制も悪くないが、心置きなく過ごせる3時間制コースがおすすめ。極上の肉に舌鼓を打ちつつ、仕事仲間や友人とゆったり酒盃を傾けたい。

東京都北区赤羽西1-27-6　(営)18時～24時　(休)月、第1火　(席)掘りごたつ席のみ、全12席／全席禁煙／カード不可　(交)JR埼京線ほか赤羽駅西口から徒歩8分

[酒] (ビ)生500円、中瓶500円　(焼)グラス500円、ボトルなし　(日)グラス500円　(ワ)グラス500円、ボトルなし

池袋でいちばんアツい! 最強のコスパを誇る 西口焼肉地帯の名店

1/最も柔らかく、脂がのったタンの根元のみを厚切りにカット。その旨さに圧倒されること間違いナシ! 2/じっくり煮込んだコク深いスープで作るおじや 3/サッと炙れば力強い風味の肉汁がしたたるほどにあふれ出す!

牛肉 焼肉

味道苑

Area_ 池袋　Tel_ 03-3983-8557

1978年に朝霞で開業し、池袋に進出したのは5年ほど前。今では焼肉激戦区のこの界隈でも指折りの人気店へと成長した。食べてみればそれも納得するハズ。40年前の創業時から付き合いのある卸会社から、厳しい目利きで仕入れる牛肉は、どの皿をチョイスしても値段から期待する味のレベルをはるかに飛び越えてくれるのだ。なかでも1本のタンから1~2人前しか取れない「トロタン塩」は感涙モノ! 超厚切りながらも、驚きの柔らかさを堪能できる。2017年5月には、近くに朝まで営業する『はなれ』もオープンした。

東京都豊島区池袋2-35-1 (営)17時～24時(23時半LO、日・祝23時LO) (休)無休 (席)全28席/全席喫煙可/カード可 (交)地下鉄有楽町線ほか池袋駅C1出口から徒歩3分

[酒] (ビ)生627円 (焼)グラス616円～、ボトル3780円～ (日)300ml瓶864円 (ワ)グラス594円、ボトル3024円～

2 黒毛和牛雌一頭盛り10種
1人前 200g 3280円
（注文は2人前～、写真は2人前）

卸問屋だから提供できる圧倒的味わいのカルビ！

卸問屋の壺漬けカルビ（250g）
2480円

3 乙ちゃんカルビ
680円

1／浸みわたるような脂身の旨さに感動。細長い肉は焼いてから好きな大きさにカット　2／肩バラの部位「ぶりすけ」や、ももの中でも霜降りが多い「ともさんかく」など希少部位10種の盛り合わせ　3／国産黒毛和牛雌牛のカルビをリーズナブルに提供。卸問屋だからできる値段だ

焼肉 乙ちゃん

Area_ 鮫洲　Tel_ 03-6433-2914

創業42年の実績を持つ、東京食肉市場の仲卸直営店。老舗のプライドと本物の目利きで競り落とした黒毛和牛一頭買いの魅力を余すことなく満喫できる。

同店の逸品は「壺漬けカルビ」。形や大きさはさまざまだが肉質が極めて良く、関係者でなればほぼ手に入らない部分だとか。コクのある脂身と程良い甘さの特製ダレが相性抜群だ。「肉が上質なだけではダメ。自社工場での品質管理と熟練職人による手切りの技があってこその旨さ」と店長の小林勝司さん。そんな徹底した仕込みによる各部位の盛り合わせも人気だ。

東京都品川区東大井2-5-13 ㊒17時～23時（22時LO）、土16時～23時（22時LO）、日・祝16時～22時（21時LO） ㊡年末年始 ㊫全88席／全席喫煙可／カード可 ㊯京急線鮫洲駅から徒歩5分

［酒］㋡生小350円～ ㊔グラス500円～、ボトル2500円～ ㊐1合900円～、ボトル3600円～ ㋻グラス420円～、ボトル3000円～

焼肉六点盛り 4980円
（中央・リブ芯、手前から左にリブロース カブリ、ツラミ、ランプ、リブロース ゲタ、ハツ）
肉と脂が奏でる絶妙の美味しさ。
胃もたれ知らずの極上ロース！
厚切りのリブ芯
1500円で
追加可

1／赤身の旨さだけでなく、甘い脂もロース肉の魅力。焼き過ぎは厳禁だ　2／さっぱりした甘辛ダレをかけ、小皿でギュッと押し潰したキャベツをロース肉で巻いて食べるのが「肉酒場」流。さっぱりとしていて、翌日の胃もたれもなし！　3／リブロースのゲタ・カブリ、ツラミ、ハツの4種に、上タン、リブ芯、ランプから2種を選べる。キャベツのおかわりは350円

ロース焼肉専門店 肉酒場

Area_ 武蔵小杉　Tel_ 044-733-1855

「もっとあっさりと焼肉を食べたくなって」と店主・松田さんは周囲の反対の声を押し切り、カルビを提供しないロース中心の店をオープンさせた。「だからこそ肉質にはこだわっていて、黒毛和牛で赤身にしっかりと味があって食べ飽きしないもの、芝浦で一番のものを仕入れています」

　加えて、脂を溶かすイメージで香ばしく焼いたロース肉で千切りキャベツを巻いて頬張れば、一層あっさりするだけでなく、肉の味わいが引き立ち、まさに箸が止まらない味わいで、絶品。豊富に揃う美酒とともに、その美味しさを堪能してみてほしい。

神奈川県川崎市中原区小杉町3-26-8 ㊫17時～23時（22時LO、肉がなくなり次第閉店） ㊡不定休 (席)カウンターほか、全31席／全席喫煙可／2時間制／カード可（5%の手数料あり） (交)JR南武線ほか武蔵小杉駅北口から徒歩8分

［酒］(ビ)生中480円、中瓶450円 (焼)グラス600円、ボトル1800円～ (日)600円～ (ワ)スタッフに応相談

1・2／厚めにカットしたハラミは筋肉繊維で驚くほど柔らかく旨みが濃厚。この店ではハラミをよく焼くのがおすすめ。焼くことで肉の繊維が壊れてより柔らかくなるという。ワサビやスダチで味わうのが定番　3／横隔膜の一部で、ハラミより肉々しい味わい

豊かな自然の中で育まれた最高品質の山形牛ハラミ

焼肉 ホドリ 用賀店

Area_ 用賀　　Tel_ 03-3707-3829

店主が惚れ込んだのは山形牛。それもきれいな水と自然豊かな環境で30ヶ月以上にわたって肥育された雌牛のみ。寒暖の差が激しい地域で健全に育った牛は、きめ細やかで濃厚な旨みの肉質になるという。中でも看板メニューの特選ハラミは見るからに上質で、噛めば柔らかくほどけるような食感に思わずため息が漏れるほどだ。一頭からわずか数切れしか取れない超希少なハラミのスジも限定で用意しているので、あればぜひ注文を。肉以外の食材も栃木県の川田農園から仕入れる完全無農薬野菜などで、並々ならぬこだわりが感じられる。

東京都世田谷区用賀2-28-19 ㊖17時～24時 ㊡月 ㊢カウンターほか、全32席／全席喫煙可／カード可（VISA・MASTERのみ） ㊆東急田園都市線用賀駅東口から徒歩4分

［酒］㋪生小400円～　㊉グラス500円～、ボトル4000円～　㊐1合800円～　㋻グラス600円～、ボトル3000円～

予約必須の価値ある逸品 黒タンの醍醐味ここにあり

1／炭火でじっくりと焼き、仕上げに強火で表面をカリッと焼き上げる。迷わずかぶりつけ! 2／写真はミスジやザブトンなど。雌牛は融点が低く、口の中でとろけるようなスッキリとした甘みがある 3／一頭からわずか5切れしか取れないため、要予約。3種ある「おまかせ盛り」のどれかと併せて注文すること

焼肉しみず

Area_ 不動前　Tel_ 03-3492-2774

衝撃が走ったと言っても過言ではない。この店の黒毛和牛のタンを味わった時のことだ。それは分厚いのにサクッと噛み切れるほど絶妙な食感！ ひと切れ1800円と値は張るが、それだけ価値ある名物なのだ。旨さの秘密は丁寧にトリミングした黒毛和牛の生の黒タンの芯のみを提供しているから。炭火の上で転がすように焼き、表面がパンパンに張ってきたら食べごろ。ほかにも繊細な旨みの「田村牛」の処女雌を主に使用し、部位により2〜3週間熟成をかけた希少部位の赤身が1枚から注文できる。鮮度抜群の上ミノなども人気だ。

東京都品川区西五反田4-29-13 TYビル2階 ㊔17時〜24時（23時LO）、日・祝〜23時（22時LO） ㊡月 ㊛全36席／全席喫煙可／カード可（VISA・MASTERのみ） ㊋東急目黒線不動前駅から徒歩3分

[酒] ㋪生620円〜 ㊎グラス550円〜、ボトルなし ㊐300ml980円〜 ㋻グラス520円〜、ボトル4500円〜

多様な肉を少しずつ食べたい そんな乙女心に応えてくれる

2

1／写真は2人前。肉は部位毎にその時々の質のいいものを仕入れる。カイノミとフレッシュレモンのようなさっぱり系の組み合わせから、味噌ダレのリードボーという濃厚系まで、さまざまな味を満喫できる　2／肉メニュー単品の一部は半人前のオーダーも可能　3／自家製の牛しぐれ入りナムル、大根の酢漬け、山菜の煮物がたっぷり

3

1

龍叶苑《りゅうかえん》 麻布店

Area_ 麻布十番　Tel_ 03-3457-0386

「おまかせコース」は、岩手県産の前沢牛をメインに国産黒毛和牛の肉が1部位ひと切れずつ11種出される。その一つひとつにバジルバター、白トリュフ塩、特製タレと本ワサビなど肉に合わせた調味料が付き、全く飽きが来ない。その上、最後に一番好きだった肉をもう1枚リクエストできるというおまけ付き！　この最後の1種を迷う時間がまた楽しい。ほか、本日のお刺身（この日は低温調理したタンとハツ）や、〆の具なし麺まで充実の内容。

「焼肉食べたいけど、ちょっと重いよね」と言っている人を引っ張って行きたいお店だ。

東京都港区南麻布2-5-21 丸善ビル2階　㊢17時～翌5時（翌4時半LO）、日・祝17時～23時（22時半LO）　㊡月（祝の場合は営業し、翌火休）　㊤個室ほか、全44席／全席喫煙可／カード可　㊋地下鉄南北線ほか麻布十番駅2番出口から徒歩5分

［酒］㋡生420円～、瓶620円　㋛グラス520円～、ボトル1550円　㊐1合820円～　㋻グラス各520円、ボトル ハーフ各1650円～

A5のなかでもトップクラス 究極の旨さに悶絶！

1／コチュジャン入りの自家製黒ごまペーストを冷麺と和えた汁無し麺。添えられた自家製ラー油が食感と香りのアクセント　2／トモサンカクの表面を軽く炙り、北海道産のホタテと生エビのタルタルをオン。ひと口で頬張れば、肉と海鮮からあふれる多重な甘みが広がる。トリュフオイルをかけてより風味豊かに仕上げている　3／a.1本のタンから2人前しかとれない、超絶柔らかな根元だけを使用　b.味付けは塩のみ!　牛肉の脂の甘みと旨みが口の中で弾けるように広がる、まさに逸品だ

焼肉 炭聖《たんせい》 谷中店

Area_ 谷中　　Tel_ 03-5809-0787

Ａ５黒毛和牛専門の焼肉店は数あれど、これほど極め付きのＡ５を出す店はそうはない。店主の許《ホ》さんは芝浦市場に足を運び、場内にある卸会社の冷蔵庫から、特に質の高いものだけを部位ごとに買い付けている。上カルビを塩だけで食べさせるのは、その肉質に対する自信のあらわれだろう。さらにコチュジャンやラー油などの調味料をはじめ、キムチもすべて自家製。タレにもスープにも化学調味料は一切使用しない。手間ひまかけたサイドメニューの旨さも特筆ものだ。土・日・祝は、この味をリーズナブルに味わえるランチ営業も行っている。

東京都台東区谷中7-18-16 OSTIA1階　㊔17時～24時(23時LO)、土・日・祝12時～15時(14時半LO)、16時～23時(22時LO)　㊡水　(席)全26席／全席喫煙可／夜のみカード可　(交)JR山手線ほか日暮里駅西口から徒歩3分

[酒] (ビ)生580円、中瓶580円　(焼)グラス500円～、ハーフボトル1500円　(日)グラス500円、300ml瓶1600円　(ワ)グラス600円～、ボトル3900円～

290円からとは思えないホルモンの質の高さに大満足

1／カシラとコプチャンの味付けは塩ベース。カシラは特製辛味噌、コプチャンはポン酢をつけても美味。味付けは日によって異なる場合も　2／プルプルの脂の甘みが絶品　3／約5時間かけて煮込まれたデミグラスソース仕立ての牛スジ煮込み。濃厚なトマトジュースとチューハイ、リキュールを合わせた特製トマト割

ホルモンまさる

Area_ 三田　　Tel_ 03-6435-1990

飲み屋がひしめく慶應仲通りから狭い路地に入り、歩くこと数分。暖簾がたなびく渋い店構えで、いかにも「旨い！」オーラを漂わすこの店が『ホルモンまさる』だ。

厳選したホルモンは11種類で290円〜。だが、安いといって侮るなかれ。肉厚で旨みたっぷりの「カシラ」（290円）、程よく脂がのりジュワッと弾ける甘みがたまらない「シマチョウ」（590円）など、どれもが驚くほどの質の高さなのだ。

さらに「生ビール」（390円）、「チューハイ」（290円）とドリンクも抜群のコスパの良さ。感涙モノだ。

東京都港区芝5-21-14　㊫11時半〜23時半（23時LO　※ランチタイムは13時まで）　㊡日（月が祝日の場合は日営業、翌月休）　㊢座敷ほか、全58席／全席喫煙可／カード不可　㊋都営三田線ほか三田駅A3出口から徒歩約3分

[酒] ㊁生390円　㊈グラス360円　㊐ワンカップ360円　㋻なし　サワー290円〜、ホッピー390円

醤油ベースのタレが染みた艶プリマルチョウに悶絶

1／この日はシビレ、コリコリ、ヤン、ノドブエ、ノドガシラ、あみはつ。内容は日替わり。リクエストにも応じてくれる。ハイボール（中）は450円　2／丁寧に下処理したセンマイの刺身は眩しいほどの白さ。程よい弾力と絶妙の味付けで酒が進む　3／ツヤツヤのマルチョウは炭火でじっくり炙り、焦げ目が付いたらパクッといきたい

炭火ホルモン ハルマキ

Area_ 湯島　Tel_ 03-6803-2941

ホルモン焼きのメニューは牛・豚を合わせて約40種類。基本の味付けは塩で、すべて店のおまかせ。塩ベースでバターが香る「コリコリ（大動脈）」（600円）、淡泊なハツに網脂を巻いて味に奥行きをもたせた「あみはつ」（600円）、軽く燻製を利かせた「ちれ（脾臓）」（550円）など、新たなホルモンの魅力に開眼できる。なかでも「マルチョウ」（700円）はボイルして醤油ベースのタレに一晩漬け、味を染みこませた珠玉の逸品。脂を裏返して中に閉じ込めるので甘み、旨みが凝縮される。その衝撃の味わいに思わず笑みがこぼれる。

東京都文京区湯島3-47-8 アイバビル1階 ㊫17時〜24時 ㊡日・祝 席全32席／全席喫煙可／カード可 交地下鉄千代田線湯島駅1番出口すぐ、JR山手線御徒町駅北口から徒歩6分

［酒］ビ生500円　焼グラス500円〜　日1合600円〜、ボトル300ml 1500円　ワグラス500円、ボトル3000円〜　サワー400円〜　※すべて税抜き価格

1／内容は日替わり。小は6種類くらいで1100円。塩かタレが選べる(写真はタレ)。牛は毎日芝浦から仕入れ、豚と鶏は朝〆で鮮度抜群　2／表面をサッと炙り、生姜を利かせた特製塩ダレで味付け。輩ハイはひとり3杯まで　3／サクサクした歯応えが小気味いい

ホルモンの多彩な
食感や味にハマること必至!

ホルモン和《かず》

Area_ 押上　　Tel_ 03-6661-8135

店主の岡本氏は亀戸の名店『初代吉田』で料理長を務めた経歴の持ち主。そんな店主が厳選した牛・豚・鶏の絶品ホルモンをはじめ、刺身、赤身肉、煮込み、〆のご飯物や麺類、もつ鍋まで、バラエティ豊かなメニューが味わえる。様々な部位のホルモンを一度に楽しむなら、「闇盛り」で決まり。小、大、特盛があり、大はマルチョウ、ヤン、ギアラなど7~8種類で1600円とかなりお得だ。また、酒類で注目すべきは「輩ハイ」(600円)。ウイスキーをベースに、オリジナルのシロップなどをブレンドしており、ホルモンと相性抜群。ぜひお試しあれ。

東京都墨田区押上1-18-6　㊔18時～24時(23時LO)、土・日・祝14時～23時(22時半LO)　㊡水　㊢カウンター、個室ほか、全49席／全席喫煙可／カード可　㊇地下鉄半蔵門線ほか押上駅A1出口から徒歩6分

[酒] ㋪生490円　㊦グラス500円～　㊐グラス650円～　㋻なし　サワー390円～

コク塩と黒ダレが味の決め手
濃厚ホルモンにノックアウト

1／コク塩は赤（中落ち）、マルチョウ（小腸）、アブタン（豚舌）、タンコリ（喉）、ツナギ（首）。細モヤシはおかわり自由　2／京都では客の6割以上が頼むそう　3／味噌、醤油などを使った黒ダレで焼くのは、アブシン（心臓）、ホホニク（コメカミ）、ホソ（小腸）、アカセン（第四胃）

ホルモン千葉 渋谷店

Area_ 渋谷　　Tel_ 03-3485-3257

京都の人気店の東京1号店。斜めに置かれた特製の鉄板でスタッフが焼き上げるカウンタースタイル。オリジナリティあふれる濃厚なホルモンを存分に楽しめる。初めて訪れるなら、「千葉のコース」（1人前2800円）を注文したい。ニンニクを利かせたコク塩ダレでマルチョウやアブタンなどを堪能したら、お次は濃厚な黒ダレ。特に脂身たっぷりのホソとの相性の良さは超弩級で酒が進むことこの上ない。締めの玉（うどん又はそば）も絶品だ。最後まで脳天を突き抜けるような旨さの連続で、感動すること間違いなしだ。

東京都渋谷区宇田川町37-12 営17時～23時LO 休木（木が祝日の場合、翌休） 席カウンターのみ、全14席／全席喫煙可／カード不可 交JR山手線ほか渋谷駅ハチ公口から徒歩約10分

[酒] ビ生550円　焼グラス500円　日冷酒800円　ワグラス400円　生レモンサワー500円

国産牛だけを使用
肉屋直営の
大阪発激旨ホルモン

ホルモン8種盛(2人前)
1944円

1

1／この日はレバー、ツラミ、センマイ、コブクロ、ウルテなど。炭火でサッと炙って頬張れば、どれも臭みのない上質なホルモンの底力をまざまざと見せつけられる。内容は仕入れにより変わる　2／仕入れたばかりの牛の小腸を自社で加工した“油かす”が旨さの決め手。じっくり素揚げすることで旨みが凝縮し、香ばしさが生まれる

スタミナかすうどん
1058円

2

焼肉ホルモン 龍の巣 新宿三丁目店

Area_ 新宿三丁目　Tel_ 03-6273-0429

使用するホルモンは国産牛のみ。問屋を介さず自社で仕入れてから、すぐさま店に直送することで、手頃な価格ととび切りの鮮度の良さを実現した。1頭丸ごと買い付けるため、「こぶくろ(子宮)」や「まめ(腎臓)」といった稀少な部位もメニューに並ぶ。その日のおすすめを盛り合わせた「ホルモン8種盛」は、食感や味わいの異なる部位をひと切れずつ味わえる。〆には油かすにこだわった大阪名物「かすうどん」を堪能したい。カツオやサバ、アゴに加え、鶏ガラからとる力強い風味のダシにコクをプラス。モチモチのうどんと相性抜群だ。

東京都新宿区新宿3-9-3 1階　(営)17時～翌8時(翌7時半LO)　(休)無休　(席)カウンター、テラス席ほか、全38席／全席喫煙可／カード可　(交)地下鉄副都心線ほか新宿三丁目駅C5出口から徒歩1分

[酒](ビ)生518円、中瓶648円　(焼)グラス486円～、ボトルなし　(日)1合540円　(ワ)グラス486円

超新鮮なホルモンで20年愛される路地裏の名店

1／コリコリとした小気味良い食感は新鮮さの証だ。たっぷりのニンニクと和えてからロースターへGo! 強烈なパンチでビールが止まらない　2／茹でたガツと野菜をピリ辛ダレで和え、さっぱりとした味わい　3／大量の脂が口中で弾けるように広がっていく。店の実力を物語る、イチオシのひと皿だ

ホルモン焼 柳

Area_ 池袋　Tel_ 03-5951-6787

路地裏の名店とは、まさにこの店のこと。超新鮮な国産ホルモンをウリに、20年間営業を続けてきた。丁寧に掃除をし、一切臭みがない肉質の良さもさることながら味つけも見事。白味噌とコチュジャンをベースにした自家製のタレにひと晩漬け込み、しっかり味をなじませている。最後にドカンと盛ったニンニクのパンチ力も抜群！　ロースターに乗せ、プックリふくらんだ身を頬張れば、コリッとした皮の食感と共に広がる脂のウマさに圧倒される。平日は深夜まで営業。池袋で遅い時間に美味しいホルモンが食べたくなったらぜひ。

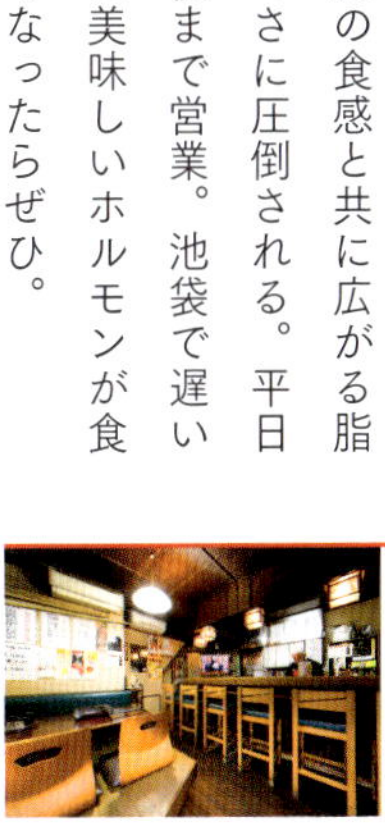

東京都豊島区池袋2-71-3　(営)18時半～翌2時(翌1時LO)、日・祝18時半～24時(23時LO)　(休)月　(席)全12席／全席喫煙可／カード不可　(交)地下鉄有楽町線ほか池袋駅C6出口から徒歩6分

[酒] (ビ)生540円　(焼)グラス432円～、ボトル3000円～　(日)1合432円～　(ワ)なし

A4・A5ランクの
霜降り和牛を使用！
ダントツの極上肉

大きめセット「な」
（霜降り黒毛和牛）
2484円

1

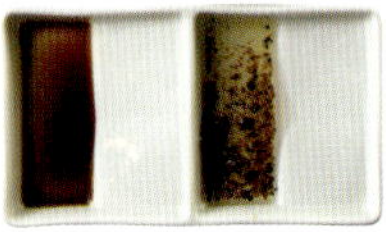

合わせ醤油　脂塩

1／本来、脂がのりにくい部位の内モモ肉だが、極上の黒毛和牛を使用するため、美しいサシが入っている。ご飯とともに口に含んだ時のバランスを考慮し、3～4㎜の薄さにスライスしている　2／赤身肉のしっかりとした旨みを味わうならこちら。噛みしめるたびに力強い風味があふれだす。小さめセットの牛肉は50gを使用

2

小さめセット「あ」
（ニュージーランド産）1134円

牛かつ　あおな　御徒町本店

Area_ 御徒町　Tel_ 03-6240-1979

牛かつに使われているのは、なめらかさと柔らかさを併せ持つ内モモ肉。好みによってニュージーランド産の牛と黒毛和牛のいずれかを選べる。

なかでも圧巻は、主にA4・A5ランク黒毛和牛の、霜降り肉のみを使用するセット「な」。ふるいにかけてキメを揃えたパン粉をまとわせ、高温の白絞油《しらしめゆ》で揚げること、数十秒。超レアな肉を口にふくめば、融点の低い上質な脂が、舌の温度でみるみるうちに溶け出し、芳醇な甘みとコクが口いっぱいに広がる。

黒毛和牛の牛脂で火を入れたニンニクを塩や黒胡椒で味を調えた脂塩につけても旨い。

東京都台東区上野6-5-7 JUNビル1階　(営)11時～22時半（22時LO）　(休)無休　(席)カウンターほか、全21席／全席禁煙／カード可　(交)地下鉄都営大江戸線上野広小路駅A7出口より徒歩1分、JR山手線御徒町駅北口から徒歩2分

[酒] (ビ)生540円　(焼)なし　(日)なし　(ワ)グラス540円～

牛肉

牛かつ

しっとりとした空間で贅沢に味わうランチ限定レア牛かつ

1／料亭風情を思わせるエントランス　2／カツは衣のパン粉が少し色づく程度に、高温でサッと素早く揚げる。絶妙なタイミングがポイント　3／小鉢の一品に使われている金時草や米の「能登ひかり」など、料理長の出身地である石川県の旬の食材を味わえる

肉会席 ゆかわ

Area_ 神楽坂　　Tel_ 03-6457-5888

裏路地のかくれんぼ横丁に位置する『肉会席 ゆかわ』。もともと料亭として使われていたという和空間でのランチは、前日夜8時までの完全予約制だ。黒毛和牛のしゃぶしゃぶやステーキもあるが、ぜひ試していただきたいのが牛かつ。程よくサシが入って柔らかく、噛むほどに甘みが広がる。薄〜い衣のサクサクとした歯触りも小気味よい。お好みでワサビ醤油かポン酢をつけて食べるのもいい。

牛肉は、北海道や東北から仕入れる黒毛和牛を使用。その時々で最上のリブロースを指定するとか。あっさりとした心地よい後味にも感激だ。

東京都新宿区神楽坂3-1　㊟11時半～14時半（最終入店13時）、17時半～23時（最終入店20時半）、土・祝～22時（最終入店20時）　※ランチ営業は不定　㊡日　㊢個室のみ、全50席／一部喫煙可／カード可　㊫地下鉄東西線ほか飯田橋駅B3番出口から徒歩5分

[酒]㋪生756円～　㊌グラス756円～　㊐180ml1080円～　㋻グラス1080円～、ボトル6264円～

京都勝重
1490円

2

1

牛ロースカツ
京玉膳（並）
1490円

京都からやって来た 和風味満点の牛かつ

1／半熟玉子天（京玉天）は、カツに絡めたり、和風カレーつけ汁に落としたり、ご飯にのせて贅沢なTKGにしたりと、幅広い楽しみ方ができる。ちなみにご飯のおかわりは無料だ　2／九条ネギをたっぷりちらし、香り高く味わえる。山椒の実を漬け込んだ自家製のタレがこれまた牛かつにもご飯にも相性抜群だ。100年を超す京都の老舗の味噌を使った味噌汁が、どのメニューにも付く

牛カツソース　山椒塩　特製だし醤油

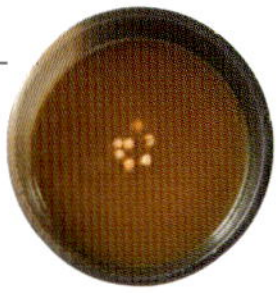

和風カレーつけ汁

京玉天

京都勝牛 小川町

Area_ 小川町　Tel_ 03-3292-7802

本店を構える京都・先斗町《ぽんとちょう》から2016年に東京進出。その後、全国で次々に店舗を増やし、台湾で海外進出も果たした。

使用するのは、キメ細やかな肉質で、力強い風味を持つアメリカ産のロース肉。サクサクとした衣の食感も抜群だ。

ひと口目はダシ醤油とワサビ、ふた口目は山椒塩と、まずシンプルに味わった後は、カツオダシをベースに、10種類のスパイスをブレンドした、オリジナルのカレーつけ汁で味を変えて食べるのもいい。はたまた、半熟玉子天の黄身に絡めれば、まろやかなコクを生み出してくれる。

東京都千代田区神田美土代町9-7 千代田21ビルディング1階　営11時～22時（21時半LO）　休無休　席カウンターほか、全40席／全席禁煙／カード不可　交地下鉄都営新宿線小川町駅B6出口から徒歩1分

[酒] ビ生594円、中瓶540円　焼なし　日1合950円　ワグラス594円

世界も認めたニッポンのビーフカツ

1／国産豚ロースを使用。脂身が少なくあっさりした味わいながらも、ラードで揚げられた衣の香ばしさが際立っている　2／程よい脂の甘みを楽しめるイチボ（手前）と、柔らかな赤身のランプ（奥）の2種類をひと皿で味わえる。セットにはおかわり自由のライスに、ゴボウと豚肉で作る豚汁が付く

牛肉 牛かつ

そよいち

Area_ 人形町　Tel_ 03-3666-9993

3年連続でミシュランガイドのビブグルマンに選ばれている実力派の洋食店。店主の石井明美さんは、人形町の老舗、『キラク』の創業者の娘で、18歳から厨房に立ってきた。

1人前に2枚づけされるビーフカツは、黒毛和牛のランプとイチボを使用。特注するごく細かな目のパン粉をまとわせ、約200度に熱した高温のラードでサックリ揚げている。酸味をおさえた自家製マヨネーズで和えた、懐かしい味わいのマカロニサラダのつけ合わせが、これまたニクイ名脇役なのだ。ハーフサイズもあるので、お酒とともに食べるのもいい。

東京都中央区日本橋人形町1-9-6 (営)11時～14時半LO、17時半～20時LO (休)日、月 (席)カウンターのみ、全15席／全席禁煙／カード不可 (交)地下鉄日比谷線ほか人形町駅A2出口から徒歩1分

[酒] (ビ)小瓶450円、中瓶650円 (焼)なし (日)1合550円 (ワ)グラス450円、ボトル3200円

朝挽き新鮮ミンチで作る牛肉パテ

鉄板焼きハンバーグ
200g 950円

メキシカン＆チーズ
Wソース
300g 1380円

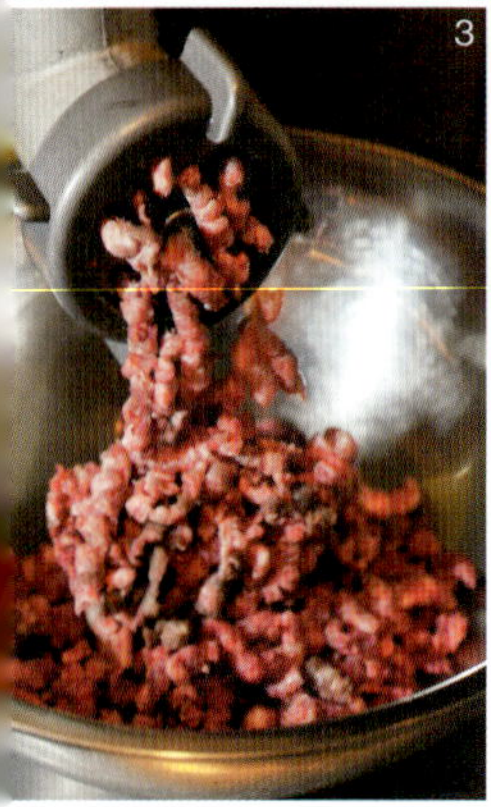

1／自家製のデミグラスは、オイスターソースやウスターソースを加え、力強いハンバーグの味にひけをとらない深いコクを持たせている　2／2種類を味わえるコンビネーションメニューも人気。メキシカンはチリコンカンの他にチェダーチーズとアボカド添え。チーズソースはチーズ入りのベシャメルソースたっぷりで超濃厚！　3／歯応えのあるスネとネックは粗挽きにして、食感にアクセントを与える。反対に細かく挽いたモモ肉は、しっかり練り込むことでなめらかな舌触りに。さらに粗挽き肉同士のつなぎ役にもなっている

ハンバーグ

KURAUZO

Area_ 御徒町　　Tel_ 03-5817-4929

ガツンとくる牛肉の風味満点のハンバーグを満喫したい方におすすめしたいのがこちら。パテに使用するのは、毎朝店で挽く新鮮な国産牛のミンチ。スネ、ネック、モモの3種類の部位を使用し、それぞれに挽き方を変えて、なめらかさの中にもムチムチとした歯触りを生み出している。さらに、黒毛和牛の脂身をパテに練り込むことで、ナイフを入れれば肉汁があふれ出すジューシーさを実現！ チリコンカンソースで食す「メキシカン」、完熟トマトソースとチーズをそえた「イタリアン」など、味のバリエーションも多彩だ。

東京都台東区上野4-1-3 仙家ビル2階 ㊔11時～22時LO ㊡無休 ㊛全32席／全席禁煙／カード可 ㊚JR山手線ほか御徒町駅北口から徒歩1分

[酒] ㋪生485円　㊐なし　㊐なし　㋻グラス430円

980円
※ライス・サラダ・スープ・デザート付
（チーズトッピング+150円）
グランプリ金賞！
ふっくらジューシー
牛タン入りのパテ

ハーフ＆ハーフ
BBQハンバーグ490円＆
チキンピカタ480円

1／リンゴを使用するBBQソースはフレッシュな甘みがあり、粒マスタードの酸味とよく合う　2／牛タンのミンチは食感ではなく、ごく細かく挽くことでコクとジューシーさの素として練り込んでいる　3／フライパンで表面を焼き固めた後、オーブンでじっくり火を通すことでふっくらとした仕上がりとなる

キッチン ハセガワ

Area_ 神泉　　Tel_ 03-6416-1081

日本ハンバーグ協会が主催する全国大会で、見事金賞を獲得したのがこちらの「デミグラスハンバーグ」。パテのベースとなるのは、オーソドックスな牛と豚の合挽き肉。ここにごく細かく挽いた牛タンを加えるのがこの店ならではの特長で、ふっくらとした食感と共に味に奥行きを出している。玉ネギやニンジンなどの野菜の甘みを活かしたデミグラスとの相性も抜群だ。メニューのほとんどをハーフサイズで注文できるので、和風やBBQソースハンバーグとの合わせ技で味わうのもいい。渋谷でランチという際に覚えておきたい一軒だ。

東京都渋谷区円山町22-16　(営)12時～食材が無くなり次第終了　㊡不定休　(席)カウンターほか、全25席／全席禁煙／カード不可　(交)京王井の頭線神泉駅南口から徒歩2分

［酒］(ビ)生550円、中瓶650円　(焼)なし　(日)なし　(ワ)グラス500円～、ボトル2800円～

日本一こだわり卵のデミグラスソースのオムライス
1780円
2

仕事を忘れてがっついた唯一無二の絶品ハンバーグ！

黒毛和牛のハンバーグ
1280円
1

1／時間と原価をかけたデミグラスソースも秀逸。ハンバーグにきっちり絡めてキレイに食べたい。昼と夜では付け合わせが異なるが、190gというサイズは同じ　2／卵の風味を邪魔しないよう、オムレツはサラダ油で焼かれる。チキンライスの甘みとデミの酸味、オムレツのコクの美味なる三重奏も必食の味

UCHOUTEN

Area_ 東池袋　　Tel_ 03-3982-0077

食雑誌に携わってかれこれ10数年。取材時に「まかないのご飯をください！」とお願いしたのは、こちらのハンバーグのみ。仕事を忘れて、とにかくもっと美味しく食べたくなったのだ。

黒毛和牛のA5ランクのモモ肉、スネ肉と林SPFポークの合挽き肉で作られるハンバーグは、ステーキをイメージしており、ガシッとした歯応えもあって肉の旨みがたっぷり。黒毛和牛のテールを加えて仕上げるデミグラスの酸味、コクと相まって、「すげぇ旨いッ！」。これに尽きる。食のプロたちも絶賛するひと皿をぜひご賞味あれ。

東京都豊島区南池袋2-36-10-103　㊖11時半～14時半（14時LO）、18時～21時（20時LO※売り切れ次第終了）　㊡日　席カウンターほか、全20席／全席禁煙／カード不可　交地下鉄有楽町線東池袋駅1番出口から徒歩2分

［酒］ビ生中480円　焼なし　日なし　ワグラス480円

ふっくらジューシー
ケチャップソースで
ご飯がすすむ！

ハンバーグステーキ
1058円

2

ハンバーグサンド
1080円（夜のみ）

1

1／カリッと焼いたトーストで自家製マヨネーズや目玉焼きと共にサンドする。ワインのお供にもピッタリ　2／表面に焼き目をつけてから白ワインで蒸し焼きにし、ふっくらと仕上げる。ミンチは食感となめらかさを兼ね備えた中挽き肉を使用。昼はセットで900円（温泉玉子付きは＋100円）

洋食バル ウルトラ

Area_ 経堂　　Tel_ 03-6413-9326

豚の生姜焼きにエビフライなど、魅力的な洋食メニューが勢ぞろいする人気洋食店。なかでも人気なのがこのハンバーグだ。

　バランスよく赤身と脂身を配合した合挽き肉に、ナツメグやブラックペッパーなどのスパイス、ニンニクを練り込み、しっかりと下味をつけて肉の旨みを引き出している。ソースはケチャップベースで、醤油や日本酒でコクをプラス。ふっくらジューシーなハンバーグと絶妙のコンビネーションなのだ。夜にはイタリアンやフレンチの前菜も品書きに並ぶので、ワイングラスを傾けるのもいい。

東京都世田谷区経堂1-19-2 松菱ビル1階　㈫11時～15時半（15時LO）、18時～23時（22時半LO）　㈭日　㈾カウンターほか、全28席／昼は全席禁煙、夜は禁煙席あり／カード不可　㈦小田急線経堂駅南口から徒歩1分

［酒］㊍生594円　㊉なし　㊐なし　㋻グラス540円、ボトル2700円～

肉の旨みと甘みを増幅させる塩麹の効果を体感

1

手ごねグリルバーグ
980円

2

季節野菜
トマトソース
リッチバーグ 1080円

3

デミリッチバーグ
1080円

1／粗挽きと細挽きの2種類をブレンドして食感を残しつつもジューシー。塩麹の作用で牛肉の風味はしっかりと感じられるが、あっさりといただける　2／ホールトマトをベースに角切りにした野菜をたっぷり煮込む。まろやかな酸味がハンバーグを引き立てる　3／牛スジでダシをとり、八丁味噌を加えたソースは深いコクがある

浅草グリルバーグ

Area_ 田原町　　Tel_ 03-6802-7565

パテに使用するのはスネとショルダーを中心としたカナダ産ビーフ。つなぎはほとんど加えず、代わりに練り込むのが老舗蔵元から届く天然塩麹だ。毎朝その日に使用するミンチ肉に塩麹を合わせてから熟成させること数時間。牛肉の臭みは消え、旨みと甘みを最大限に引き出してくれる。さらにソースにも独自の工夫を凝らす。デミグラスソースには八丁味噌を、トマトソースには昆布ダシを用いて日本人の舌になじむ味わいに仕上げている。合鴨農法で育てられたふっくらご飯のすすむこと！　これぞニッポンのハンバーグと言える逸品だ。

東京都台東区雷門1-7-7　㋔11時～22時半（22時LO）、日・祝11時～22時（21時半LO）　㋫年末年始　㋛カウンターほか、全38席／全席禁煙／カード可　㋙地下鉄銀座線田原町駅3番出口から徒歩1分

［酒］㋞生500円　㋞グラス580円、ボトルなし　㋰1合480円　㋻グラス480円、ボトル1800円～

初代の味を今に繋ぐ 見た目も楽しい 名物ハンバーグ

1／ズワイガニのほぐし身を使う。ホワイトソースには隠し味にカニ味噌を入れてコクを出している。バターと牛脂を使って香り豊かな仕上がりに。プチサラダとライスまたはパンが付くセット(1960円)もある　2／ふっくら柔らかいハンバーグはデミグラスソースがたっぷり。黄身を崩すとまろやかな味わいに。熱を逃しにくい鉄器なので熱々で楽しめる

洋食キムラ 野毛店

Area_ 桜木町　Tel_ 045-231-8706

銀座の洋食屋で修業した初代が昭和13年に横浜・関内で創業。貝殻型の南部鉄器で焼かれる名物ハンバーグは「日本人の口に合うように」と考案されたメニューだ。特長はタネに生パン粉と生の玉ネギをたっぷり入れ、フワッとした食感になるよう工夫された独特の柔らかさ。スパイスが馴染むよう仮焼きしてひと晩寝かせ、提供直前に本焼きしている。隠し味に梅酒を加えた甘めのデミグラスソースは、艶やかな照りとうっとりするほど濃厚なコクがたまらない。

黒い器に黄色く映える卵は貝の中の真珠をイメージし、見た目も美しいひと皿だ。

神奈川県横浜市中区野毛町1-3　㊔11時半～14時LO、17時～20時半LO、土11時半～21時LO、日・祝11時半～20時LO　㊡月(祝の場合は営業、翌火休)　㊢全80席／全席禁煙／カード不可　㊋JR線ほか桜木町駅西口から徒歩8分

[酒]ⓑ生中750円　㊖なし　㊐1合550円　ⓦグラス1000円、ハーフボトル2100円～

見た目も完璧！圧倒的な肉感がたまらない

1 アボカドチーズバーガー
1300円

2 モッツァレラチーズバーガー
1100円

1／パティは塩コショウ味だが、バンズにオレンジマーマレードとマスタードのブレンドソースや自家製タルタルソースを塗り、複雑な味わいに仕上げている
2／甘みのあるバンズは表面をカリッと焼いて香ばしくする　3／研究を重ねた手切りの技を駆使

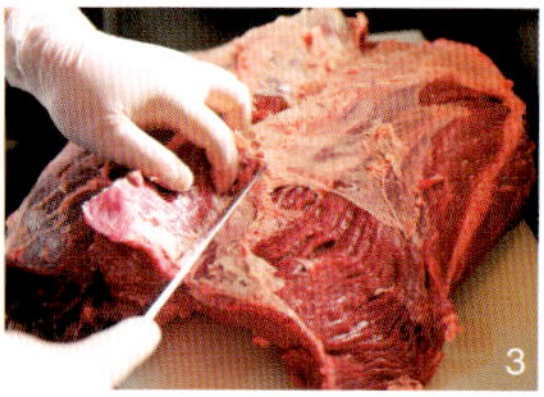

3

ハンバーガー

No.18 HAMBURGER & DININGBAR

Area_ 池袋　　Tel_ 03-6914-3718

豪快にかぶりついた瞬間、ただならぬ肉感のパティに衝撃すら覚えるだろう。ステーキ用のUSビーフ100％でつなぎなし。仕込みは約10kgの塊肉をさばくことから始まる。ダイス状やスライス状など手切りでカットを変え、それらをバランスよく組み合わせて成形。肉のゴロッと感を出しつつもサックリ噛み切れるよう細部まで計算して仕上げているのだ。提供前にカリッと焼くバンズ、食感を考えてミルフィーユ状に折り畳んだレタスに、薄くスライスしたアボカドなど、見た目のバランスも美しい完璧なバーガーの旨さにただただ唸る！

東京都豊島区東池袋2-63-15 前田ビル1階　㋖火・木・土・日11時～15時（14時半LO）、火～日18時～23時（22時半LO）　㊡月　㋝カウンターほか、全15席／昼は全席禁煙／カード不可　㋙JR山手線ほか池袋駅東口から徒歩7分

［酒］㋪生グラス600円～　㋞グラス500円～、ボトルなし　㊐なし　㋻グラス500円～　ボトル2000円～

1／両面焼きのフライドエッグとカリカリのベーコン入り。BBQソースは甘過ぎず程良い酸味で全体の味をまとめている　2／ゴロゴロと入った半溶けのゴルゴンゾーラの存在感がGOOD。パティはその日の挽き肉の脂のバランスを見ながら、手切りの肉との配合を調節する

牛肉
ハンバーガー

CRUZ《クルス》 BURGERS《バーガーズ》

Area_ 四ツ谷　　Tel_ 03-6457-7706

バーガー界の新鋭といえばここ。本郷の『FIRE HOUSE』で修業した店主の野本さんが独立し、開店させた店だ。パティはオーストラリア産とUSビーフをミックスし、手切りと粗挽きにブランド和牛の脂を入れて香り高く。溶岩石の遠赤外線効果を生かしたグリルでプリッと弾む歯応えに仕上げている。

自家製ソースや具材が種類豊富なバーガーの中でも、個性派なら「ゴルゴンゾーラ&セロリ」がおすすめ。チーズの香りと、セロリのピクルスのシャキッとした食感が相性抜群だ。厳選したクラフトビールとぜひ。

東京都新宿区四谷三栄町15-6 小椋ビル1階 (営)11時～15時(14時半LO)、17時～23時(22時半LO)　(休)火 (席)カウンターほか、全21席／全席禁煙／カード可(VISA、MASTER、AMEX)　(交)JR線ほか四ツ谷駅四ツ谷口から徒歩5分

[酒](ビ)生グラス小708円～　(焼)なし　(日)なし　(ワ)なし

スライダー 880円
（平日14時半～）　2

1／スモーキーな自家製ベーコンの風味豊かな看板バーガー。パティは冷凍肉を使わず、食感を良くするよう二度挽きした粗挽き肉を使用。ミディアムレアに焼いている。具材はオニオンリング、エッグ、野菜と盛りだくさん。自家製ベーコンを使うのはこのバーガーのみだ　2／平日14時半～提供している5㎝ほどのミニバーガーの2個セット。ソースは4種類から選べる。写真は自家製タルタルとサルサソース。酒のつまみにもピッタリ

バンズの上のヤシの木がトレードマーク

1

THEアイランドバーガー
1690円

Island《アイランド》 Burgers《バーガーズ》

Area_ 四谷三丁目　Tel_ 03-5315-4190

「ヤシの木の形のピックを刺したバーガーが島のように見えることから店名に」とは代表の名坂さん。「アイデアを形にしたい」と脱サラしてバーガー店で経験と独学を重ね、満を持して開業したのは約4年前。その実力は看板の「THEアイランドバーガー」を味わえば明白だ。

パティはオーストラリア産の赤身に和牛の脂を加えてコクを出し、毎日手ごね。ふっくらしたバンズは酒種酵母を使う特注で、10日かけて仕込む自家製ベーコンとフライドエッグなどを挟んでいる。多彩な具材が織り成す美味のハーモニーはお見事。

東京都新宿区四谷3-1 須賀ビル1階　(営)11時～21時45分（21時LO）　(休)月（祝の場合は営業、翌平日が休）　(席)カウンターほか、全27席／店内は全席禁煙　(交)地下鉄丸ノ内線四谷三丁目駅3番出口から徒歩2分

[酒] (ビ)生グラス580円～　(焼)なし　(日)なし　(ワ)グラス500円、ハーフボトル1800

研究し尽くした食材からなる味の黄金比

1／小麦ふすま入りの特注バンズとさっぱりしたトマトソースを使った低糖質バーガー。ワンプレートで糖質量を40gに抑えた。1日最大20食限定だ
2／パティは黒毛和牛の各部位を使った粗挽き。オリジナルバンズは毎朝焼きたてを工房から運んでくる

黒毛和牛バーガー BLACOWS《ブラッカウズ》

Area_ 恵比寿　　Tel_ 03-3477-2914

精肉卸『ヤザワミート』が手掛けるバーガーの行列店。専門店だけに肉質の良さが強みなのはもちろんのこと、バーガーを「口の中で味わいが完成される料理」と捉え、「主役はパティではなくバランスが最も重要」との姿勢を貫く。そのため一つひとつの食材にこだわり抜いている。

　例えばパティは黒毛和牛のサーロインやフィレなど8種ほどの部位を職人が配合。バンズは『メゾンカイザー』とコラボしたオリジナル、野菜の旨みを凝縮したソースなど緻密に研究。具材を積み重ねただけじゃない、グルメバーガーの魅力を堪能できる。

東京都渋谷区恵比寿西2-11-9 東光ホワイトビル1階　(営)11時～22時(21時LO)　(休)無休　(席)全50席／全席禁煙／カード可　(交)JR山手線ほか恵比寿駅西口から徒歩5分

[酒] (ビ)生グラス626円～　(焼)なし　(日)なし　(ワ)グラス810円～　ボトル4104円～

サラダと一緒に味わう
ヘルシーな一杯

ローストビーフ
サラダ丼
1000円

ローストビーフ丼

種類豊富な生野菜も一緒に食べられると女性客に評判だ。サラダにかけられた飴色玉ネギのドレッシングの程良い酸味が、ジュレ状に仕立てた甘みのあるステーキソースと合わさることで、ローストビーフの味わいをさらにふくらませてくれる

ミートビストロ・タン

Area_ 日本橋　　Tel_ 03-3510-9375

『築地虎杖』が手がける、こだわり食材が自慢のビストロが、ランチタイム限定で打ち出しているのがこちらの一杯。塩・コショウをし、ひと晩置いて味をなじませてから、80℃の低温で数時間かけて蒸し焼きにしたローストビーフは旨みが凝縮。ひと口目はそのまま、力強いコクをダイレクトに味わいたい。

セットには季節の野菜を盛り込んだ、たっぷりのサラダがつくのもうれしいところ。丼にサラダを入れて、肉と一緒に頬張れば、シャキシャキの食感がアクセントとなり、爽やかな風味がさらなる彩りを添えてくれる。

東京都中央区日本橋1-3-13 東京建物日本橋ビル地下1階　㈿11時～22時（21時LO）　㊡日　㈾カウンターほか、全30席／全席禁煙／カード可　㋜地下鉄東西線ほか日本橋駅直結

［酒］㋪生313円　㋑なし　㊐なし　㋻グラス205円～、ボトル2052円～

ダブルのタレ使いで
肉とご飯をつないでいく

1／約280gものイチボを使った圧巻のボリューム。赤身肉の旨さとコクを直球で味わえる　2／じっくり煮込んだ「南国風牛すじカレー」は、まろやかな甘みが特徴的　3／薄くスライスしたローストビーフは、繊維の奥までしっかりとタレがしみ込んでいるため、ご飯との馴染みも抜群だ

the 肉丼《にくどんぶり》の店

Area_ 蒲田　　Tel_ 03-6424-7077

1日に300人以上が訪れる超人気店。「レアローストビーフ丼」はご飯と牛肉との相性をトコトン追求した一杯だ。ローストビーフは焼き上げてから3日間かけて、中までしっかりと味を染み込ませている。ご飯にはコチュジャン入りのピリ辛ダレ、肉には赤ワインを加えた醤油ダレのダブル使いで、奥行きある味わい。ワサビマヨネーズの清々しい風味も絶妙なアクセントになっている。

　残ったご飯にココナッツミルクを使った「南国風牛すじカレー」(ルウ1/2人前250円)をかけて食べるのもおすすめだ。

東京都大田区西蒲田7-5-5　(営)11時～16時、17時～23時(22時半LO)　(休)無休　(席)カウンターほか、全9席／全席禁煙／カード不可　(交)JR京浜東北線ほか蒲田駅西口から徒歩2分

[酒] (ビ)中瓶500円　(焼)なし　(日)なし　(ワ)なし

黒毛和牛贅沢重 松
2140円

1／上質なモモ肉のローストビーフは、きめ細やかな舌触りで濃厚な旨みがたっぷり。スジなどを煮込んだ自家製のしぐれ煮の甘辛い味つけが、ご飯を進ませる　2／ローストビーフとしぐれ煮に加えて、霜降りのサーロインとヒレがのる　3／しぐれ味噌と、サーロインの炙り握り

突出し
220円

一杯で3つの味を楽しめる 至福の黒毛和牛贅沢重

黒毛和牛贅沢重 梅
1080円

和牛贅沢重専門店 神楽坂 翔山亭《しょうざんてい》

Area_ 神楽坂　Tel_ 03-6228-1829

神楽坂を中心に展開する、焼肉の『翔山亭』による丼専門店。生のA4・A5ランクの黒毛和牛をふんだんに使用した、極上の一杯が味わえる。

牛肉は注文を受けてからタレにくぐらせ、炭火で炙っているため、香ばしさも抜群。まずはそのまま食してから、お次は卵黄をといたタレをまぶして。そして最後には卓上にあるワサビや海苔を添え、牛骨や鶏ガラ、利尻昆布などからとった熱々のダシをかけて、ひつまぶし風にしていただく。牛肉を知りつくした専門店だからこそ、その魅力をくまなく引き出した味わい方を提案している。

東京都新宿区神楽坂3-1 桂ハイツ1階　㊔11時～16時(15時半LO)、17時～21時(20時半LO)、土・日・祝の昼は11時半～　㊡無休　㊛カウンターのみ、全10席／全席禁煙／カード不可　㊇地下鉄有楽町線ほか飯田橋駅B4b出口から徒歩5分

[酒] ㋪生500円　㊐なし　㊐なし　㋻ミニボトル380円

アボカド×ヨーグルトが爽やかさを生み出す名脇役

ローストビーフ丼
900円
醤油ベースで甘みのあるタレと、ヨーグルトを使ったほのかな酸味のソースが相性抜群。ローストビーフは、ランチの丼と夜のアラカルトで毎日14kgも焼いている

モン・トレゾール東京

Area_ 三田　　Tel_ 03-6809-4983

箱根『富士屋ホテル』で腕をみがいた料理長が作るのは、まろやかで爽やかな酸味のアボカドヨーグルトソースを添えた一杯。冷蔵庫でひと晩寝かし、余分な水分を抜いた豪州産モモ肉を丁寧に焼き上げたローストビーフは、しっとりとして柔らか。ショウガとニンニクの香りを生かした香味野菜のタレが牛肉のコクをしっかりと支えている。たっぷりと盛りつけられる野菜との調和もお見事！

夜はこのローストビーフをアラカルトで用意。赤・白・スパークリングが飲み放題になるワインビュッフェ（30分626円）と楽しみたい。

東京都港区芝5-22-8　営11時半～23時LO（ランチタイムは18時まで）　休日・祝　席カウンターほか、全34席／全席禁煙／カード可　交地下鉄都営浅草線ほか三田駅A3出口から徒歩3分

[酒] ビ生518円　焼なし　日グラス734円～　ワグラス734円、ボトル3132円～

飛騨牛のサーロインを引き立てる焦がし醤油

飛騨牛焦がし醤油
ステーキ丼大盛りと小鉢
2100円（昼のみ）

1

2

飛騨牛焦がし醤油
ステーキ丼と小鉢
1900円（昼のみ）

1／焦がし醤油の香ばしい風味が、サーロインの脂の甘みや風味をくまなく引き出す。この日の小鉢はカニと菜の花のおひたし。他に香の物がつく
2/ステーキ丼は大盛り、普通盛り合わせて10～20食提供される

ステーキ丼

や満登《やまと》

Area_ 八重洲　Tel_ 03-3271-2491

夜は会席コースを主軸とし、飛騨牛の鍋も楽しめる老舗日本料理店。昼に数量限定で食べられるのが、ステーキ丼だ。生産地から直接仕入れる、最高級飛騨牛のキメ細やかなサシが入ったサーロインのみを使用。醤油の香ばしい風味を生かした、継ぎ足して作られるタレをまとわせながら、サッと炙ることで、芳醇な甘みを持つ肉の魅力を最大限に引き出している。セットには小松菜やフルーツ入りのフレッシュジュースと小鉢が付くのもうれしい。店内の落ち着いた雰囲気も抜群で、贅沢なランチタイムを過ごせること請け合いだ。

東京都中央区八重洲1-7-4 矢満登ビル地下1階 (営)11時～14時（13時半LO）、17時～22時（21時半LO） (休)土・日・祝 (席)カウンター、個室ほか、全72席／昼は全席禁煙、夜は個室以外禁煙／カード可 (交)JR山手線ほか東京駅八重洲北口から徒歩2分

［酒］(ビ)生800円、中瓶900円 (焼)ボトル4000円～ (日)1合1000円～ (ワ)グラス800円、ボトル6000円～ ※酒は税抜き価格、夜のみ提供

シェフの技を随所に感じる 上質なステーキ丼

アメリカ産
サーロインステーキ丼
アボカドと山葵のディップ添え
3600円

1／サーロインはレアに焼いて30秒から1分ほど置き、余熱で火を通す。ソースはオニオンや生姜などをミキサーにかけた後に火入れし、仕上げにバターを加えて風味良く仕上げている　2／ホテルは皇居外苑と日比谷公園に面する場所に位置。銀座も徒歩圏内で最高のロケーションだ

ザ・ペニンシュラ東京 ザ・ロビー

Area_ 有楽町　Tel_ 03-6270-2888

その名の通り、ホテルの象徴・ロビーにあるコンチネンタルダイニング「ザ・ロビー」。フィンガーサンドイッチや自家製のオーガニックスコーンなどが盛られ、気品漂う「ペニンシュラ アフタヌーンティー」（5200円）を堪能できる。

洗練されたアラカルトの中で人気を集めているのが、上質なサーロインを使ったステーキ丼。アボカドとワサビのディップを添えるのが特徴で、さっぱりした和風味に深いコクを与えている。ディップは注文後にアボカドの皮をむいて作るのが基本。仕込みひとつにも配慮が行き届いている。

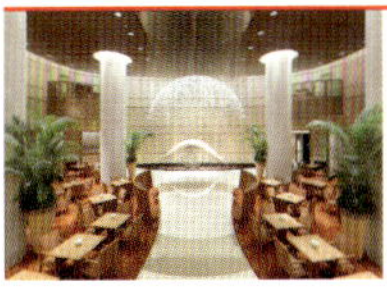

東京都千代田区有楽町1-8-1 1階　営6時半～22時　休無休　席全100席／全席禁煙／カード可　交地下鉄日比谷線ほか日比谷駅A6・A7出口直結

[酒] ビ生グラス1500円～ 焼なし 日300mℓ3700円～ ワグラス1000円、ボトル5800円～　※すべて税・サ抜き価格

高級な松阪牛をひつまぶし風に味わう

1 松阪牛 牛まぶし 3600円

2 氷温熟成尾張牛 牛まぶし 2900円（平日昼を除く）

1／愛知県産の溜まり醤油を使ったタレは深いコクがあり、脂ののった牛肉と抜群に合う　2／厳選された愛知県産尾張牛のロースをマイナス2℃で30日間熟成させる。旨みが凝縮し、力強い風味が溢れる味わいになる

お肉の専門店 スギモト本店 東京スカイツリータウン店

Area_ 押上　Tel_ 03-5809-7155

名古屋に本店をかまえる明治33年創業の老舗。精肉卸業も営むため、抜群の目利きで全国から仕入れる上質な牛肉を使った料理を味わえる。数あるメニューの中でもイチオシがこの「牛まぶし」だ。まずはそのまま味わい、その次は薬味をのせて、最後はカツオ節と昆布の和風ダシをかけてひつまぶし風に、と3つの味を楽しめる。写真の「松阪牛 牛まぶし」は、契約農場から仕入れた選りすぐりの松阪牛のリブロースやサーロインなどの霜降り部位を使用。熱々のダシをかければ、溶け出す脂の甘みがたまらない。満足度の高い一杯だ。

東京都墨田区押上1-1-2　東京ソラマチ6階 ㊕11時～23時（22時LO） ㊡施設の休館日に準ずる 席全48席／全席禁煙／カード可 交地下鉄半蔵門線ほか押上駅から直結

［酒］ビ生600円、中瓶700円 焼グラス550円、ボトル2900円 日1合550円～ ワグラス550円～、ボトル3300円～

甘めのタレに刻みワサビが味のアクセント

オーストラリア産
リブロースの
ステーキ丼
3000円
（サービス料込み）

1／脂がほど良いリブロースステーキの丼に醤油ベースのタレがたっぷりかかる。肉汁とタレが一緒になってご飯に絡んだ味がたまらない。パプリカ、オクラ、白髪ねぎをトッピング　2／本館と南館からなるホテルは、新宿駅西口から徒歩5分、都庁前駅から徒歩1分とアクセス良好

京王プラザホテル　オールデイダイニング〈樹林《じゅりん》〉

Area_ 新宿　　Tel_ 03-3344-0111

館内に11あるレストランのひとつ。朝は5時からオープン、夜は24時まで営業。まさにオールデイで利用できる。

２０１４年にリニューアルした際、正式メニューに登場したステーキ丼。牛肉の質はもちろん、米とタレのバランスを重視したというご飯が進む味だ。サラリとした和風ダレはアクセントに刻みワサビを加えており、シンプルな甘辛の醤油味をキリッと引き締めている。

ほかにも、スイーツブッフェや、ビーフカレーをはじめとするホテル開業以来の伝統の味を提供。樹木を眺めながら、優雅な時間を過ごしたい。

東京都新宿区西新宿2-2-1本館2階　(営)5時～24時（23時半LO）　(休)無休　(席)全178席／全席禁煙／カード可　(交)都営大江戸線都庁前駅B1出口からすぐ、JR山手線ほか新宿駅西口から徒歩5分

[酒] (ビ)生グラス1030円～　(焼)グラス1030円　(日)1合1080円　(ワ)グラス1000円～、ボトル3000円～

名物！肉豆腐
059円

2

常陸牛が驚きの価格！ 老舗が打ち出した 独創的なすき焼き

ゑびす牛鍋
1944円
（写真は2人前）

1

1／契約牧場から仕入れる常陸牛は力強い旨みがたっぷりで、まさに至高！　セットにはサシの入った特上肉（トモサンカク）と赤身肉（カメノコ）、野菜類や生卵が付く　2／老舗『越後屋』の豆腐と常陸牛のスジやスネ肉を、継ぎ足しのダシで丸一日かけて煮込んでいる

牛鍋

すき焼　ゑびす本《ほん》廛《じん》

Area_ 神田　　Tel_ 03-3254-9229

創業は昭和9年。精肉卸から始まり、鉄板焼き、しゃぶしゃぶ、焼肉など3代にわたって食肉に携わってきた。3年前から営むのがすき焼きの店。使用する牛肉は店主・堀川さんが全国の牧場を巡ってたどり着いた茨城県産の常陸牛だ。まずは「ゑびす牛鍋」を注文してほしい。極上の霜降り肉と赤身肉を驚くほど手頃な価格で堪能できる。こちらのすき焼きは、たっぷりの割り下で具材を煮るスタイル。鍋物のダシと同様に、入れる具材によって割り下の味わいが刻々と変化するのも楽しみたい。〆のうどんは言うまでもなく絶品だ。

東京都千代田区神田多町2-5-1　㊖11時半～14時LO、17時半～23時（22時半LO）　㊡土・日・祝　㊞個室貸切のみ、全20席／全席喫煙可／カード可　㊋JR山手線ほか神田駅北口から徒歩5分

［酒］ⓑ生627円、中瓶627円　㊕グラス519円、ボトルなし　㊐1合519円～　ⓦグラスなし、ボトル3240円～
※2019年1月から新店舗（神田司町2-6-6 丸正ビル1階・地下1階）で営業

牛肉はA5ランクの黒毛和牛が中心！日本酒に合う肉料理

黒毛和牛のしゃぶすき
四枚 4000円

3

ローストビーフ
卵黄ダレ
2000円
（ハーフ1200円）

1

1／内モモを使用し、生ハム用のスライサーでカット。極薄ゆえ醤油ベースの卵黄ダレによく絡み、見た目以上にペロリと食べられる　2／厚さ約2.5cmのカイノミに、酸味とコクが絶妙なバランスの泡醤油が口中で広がる。そのあとをマスタードの香りが抜けていく　3／肉はザブトンを使用。風味豊かなダシにサッとくぐらせ、黄身と混ぜる濃い目のタレにつければ、肉の上品な旨みがジュワリ

黒毛和牛 カイノミ
泡醤油と粒マスタード
3600円

2

肉料理それがし

Area_ 五反田　Tel_ 03-6420-3092

五反田、恵比寿で展開する人気店『それがし』が、5軒目となる店舗を開店。こちらでいただけるのはA5ランクの黒毛和牛を中心とした肉料理。希少部位を惜しげなく使い、山椒醤油や牛ダシなどを用いて和に仕上げる。

肉料理に合わせるのは、日本酒。酒屋出身で蔵元に精通する〝飲まし手〟の山本貴文さんが厳選しており、料理の味を引き立てるよう、提供時の温度にこだわる。常温以上がおすすめだ。

店内はカウンターから半個室まで配した落ち着いた雰囲気。デートや接待で使えば一目置かれることだろう。

東京都品川区西五反田1-4-8 202 (営)17時～24時(22時45分LO) (休)無休 (席)カウンターほか、全36席／全席禁煙／カード可 (交)JR山手線五反田駅西口から徒歩1分

[酒] (ビ)生700円 (焼)グラス700円 (日)グラス700円～ (ワ)なし

炊き加減も抜群！肉の脂も旨みも余すことなく満喫

しゃぶしゃぶ C（上ロース）1人前5500円

2

1／牛脂のいい匂いがしたところに肉を入れ、抜群の火加減で「ぐずぐず煮ずに」肉の旨みを引き出す　2／すき焼き同様の肉でしゃぶしゃぶも。ほぼレアで味わえる　3／成形した肉の切り落としを使う味噌漬けには、高級部位を含めいろんな部位が

牛肉のみそ漬け 1100円

3

1

すきやき B（特選赤身）1人前4500円

とみたや

Area_ 新橋　　Tel_ 03-3433-2847

もとは松阪牛の本場、三重県出身の初代が肉の卸業を営み、さらに虎ノ門で店を構えたのが始まり。3代目となる今も、長年の信頼関係と目利きゆえ、いい肉を安く仕入れられるのが自慢だ。たとえば、特選赤身A5ランプは肉々しい旨みを感じさせつつ甘く柔らか。またA3上ロースは、甘い脂がほどよくやさしくとろけてくる。そしてうれしいのは「一番美味しい状態で召し上がっていただきたい」と実にいい加減で店の人が炊いてくれること。ていねいに溶いた卵にくぐらせた肉を頬張れば、笑顔になること間違いなしだ。

東京都港区新橋4-15-1 岩崎産業ビル2階
㊖17時～23時　㊡土・日・祝　㊢カウンターほか、全26席／全席喫煙可／カード可　㊫JR山手線新橋駅ほか烏森口から徒歩3分

[酒] ㋪生グラス580円～　㊐グラス550円～　㊐1合580円～　㋻グラス650円、ボトル3500円～

コプチャンジョンゴル
1人前2500円
3

皮付き豚のポッサム(小)
1980円
1

〆のおじや
2

1／数十種類の薬味とともに煮込んだ皮付き豚肉は、軽やかな口当たり　2／もつの旨みをたっぷり吸った〆のおじやも濃厚な味わい　3／煮る前の鍋には、もつが見えないほどたっぷり野菜がのっている。それに火を付けて約10分。野菜から出る水分で味がちょうどよくなり、もつも食べ頃に

韓灯《ハンドゥン》

Area_ 月島　Tel_ 03-3536-6635

絶品の焼肉を楽しめる名店として知られる同店の隠れた名物が〝コプチャンジョンゴル〟。浅めの鍋で炊いた韓国風もつ鍋だ。「昔、プサンで食べたものをアレンジしました」と店主の金さん。醤油ベースの甘辛ダレで作るのが金さん流で、香味野菜や韓国産唐辛子を使い、深みのある味わいに仕上げている。このタレにもつを浸し、たっぷりの野菜をのせて煮込むこと約10分。タレや野菜の旨みが染み込んだもつの、噛むほどに増す濃厚なコクはやみつき！夢中で食べてしまい、あっという間になくなるので、もつの追加がお決まりだ。

東京都中央区月島2-8-12 AS ONE月島地下1階　㊔17時半～23時LO　㊡月　㊢カウンターほか、全34席／全席喫煙可（場合により分煙）／カード可　㊇地下鉄有楽町線ほか月島駅9番出口から徒歩1分

[酒] ㋪生680円　㋒グラス600円～　㊐1合600円　㋻グラス630円～　韓国酒・グラス500円～

部位の味と場所を知る

焼肉屋のメニューには様々な部位の名前が並ぶ。大きく分けて精肉（右下図でいうロース・カルビ・ランプ）と内臓扱い品（ホルモン）に分かれているが、それぞれが牛のどこにあたるのか改めて知るだけで、自分好みの味をぐっと探しやすくなる。特に日本で好まれる肉の特徴は、サシ（脂）が全体的に多く入り、柔らかくて甘みを強く感じさせること。脂の含有量も部位によってかなり変化するので、味の違いを楽しみながら覚えるといい。

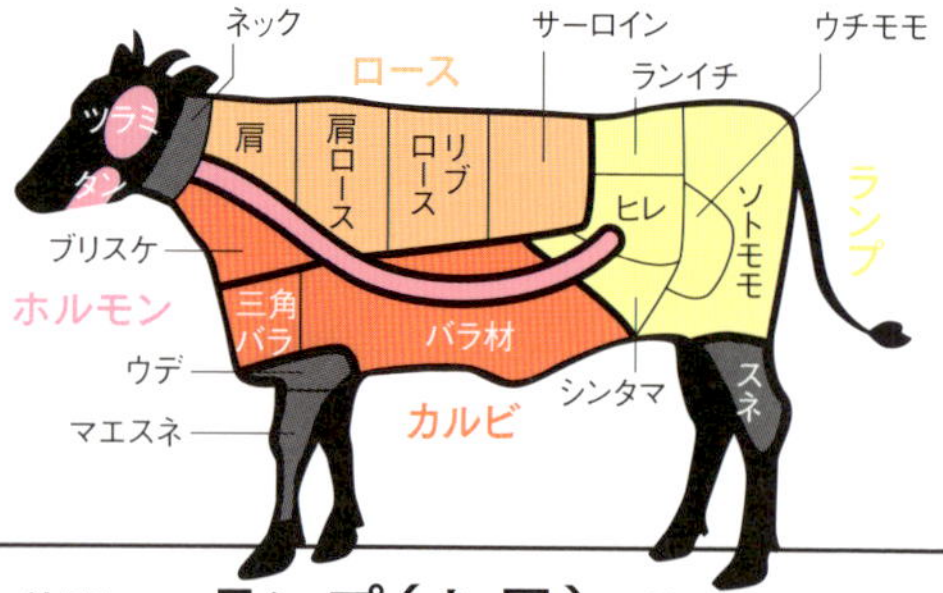

ロース（肩から背中）の仲間

大まかにいうと腰上～背中、肩側の部分。"ロース"と付く部位はキメ細かで柔らかく、非常に食べやすい。

【肩芯】	「肩ロース」と呼ばれる肩肉の真ん中（芯）の部分
【リブ芯】	「リブロース」と呼ばれる背肉の真ん中（芯）の部分
【肩カブリ】	肩ロースの芯に被っている部分なので「肩カブリ」
【サーロイン】	腰肉。「腰（ロイン）」に「サー」の称号が付いた名

カルビ（お腹）の仲間

カルビとは朝鮮語で「アバラ（肋骨）」のこと。日本でいうバラ肉。肩～お腹の部位で肉質や味が大きく変わる。

【カイノミ】	中バラ肉でヒレに近いところにある希少部位
【インサイド】	バラ肉の内側にあり、ヒレやハラミに近い腹横筋
【三角バラ】	前脚の内側や胸にあたる前バラ肉から切り出した部分
【ヘッドバラ】	後ろ脚に近いバラ肉。脂が多い、いわゆる「特上カルビ」

ランプ（お尻）の仲間

腰～お尻部分の脂肪が少ない肉。後ろ脚の内側になるほど赤身が多い。シンシン、イチボなどもこの仲間。

【ナカニク】	後ろ脚の腿部分にあるいちばん外側の肉。キメが細かい
【ウチモモ】	後ろ脚の付け根内側の肉。牛肉の中で最も脂肪が少ない

ホルモン（内臓）の仲間

タン、ツラミ（頬肉）、4つの胃（ミノ、ハチノス、センマイ、ギアラ）、大腸、小腸、肝臓、ハラミなど。

【レバー】	肝臓。牛の内臓の中で最も大きく、栄養価が高い
【ミノ】	第1の胃で4つある胃の中で最大。クセの少ない部分
【マルチョウ】	小腸。開かずに丸のまま切って出すためこの名に
【テッチャン】	大腸。朝鮮語で大腸をテッチャンということから
【タン】	舌。実は脂肪分を多く含み、ネギやレモンが合う部位
【ハラミ】	横隔膜。肉と誤解されやすいが、ホルモンに分類される

カウンターのみで気軽に入りやすい上、肉がひと切れからお得に楽しめる（最安はガツ30円!）とあって、連日ひとり客で賑わう。A5黒毛和牛の55部位に、ホルモンは常時約20種と豊富に揃えている。

東京都豊島区西池袋1-18-1 五光ビル1階 ☎03-5927-8830 ㊢15時～翌3時（翌2時40分LO）、土11時半～翌3時（翌2時40分LO）、日・祝11時半～翌1時（24時40分LO） ㊡無休 ㊯JR山手線ほか池袋駅西口から徒歩2分

タンひとつをとっても、舌の根に近いタン元からタン下、タン先に至るまでサシの割合が変わり、味わいが違います。美そ乃では55部位に分けているため、味のスタンプラリー気分で楽しめます。

教えてくれた人

『ひとり焼肉 美そ乃』
店主 伊藤鉱一さん

豚肉

とんかつ

激戦区に新星のごとく誕生した次世代の名店

上ロースかつ定食
190g 1800円
（ランチは1500円）

肉と衣のバランスといい、見るからに美しく揚がった上ロース。ジューシーに仕上げるため、揚げ過ぎないよう気を付けているという。チャーシュースープ、ご飯、お新香が付く

食べ比べコース
3500円
注文は17時以降・
2名以上で予約が望ましい

6種の部位とかつ丼、スープ、突き出し、お新香付き。 1／脂身が豊富で赤身の旨みも強いリブロース 2／適度な脂で赤身がきめ細かいロース 3／ヒレはトリュフ塩でいただくのがおすすめ 4／外ももと内ももの間の部位"しきんぼ" 5／らんぷ。脂肪は少ないが肉本来の旨みが際立つ 6／とんとろは脂が甘い。ワサビと辛子でさっぱりと 7／〆はリブロースひと切れをのせたミニ丼。中にも肉がひと切れ入る

とんかつ ひなた

Area_ 高田馬場 Tel_ 03-6380-2424

「とんかつは、ご馳走だ」。このコンセプトこそが店の特徴そのものだろう。ひと皿を完成させるために、豚肉の選別から付け合わせのキャベツ、漬物、器にまで心を注いでいる。使うのは薬膳漢方飼料で育った宮城県の漢方豚で、生産者を特定して一頭買いしている。なかでも上ロースは脂が甘く、サックリと歯が入る柔らかさ。絶妙な火入れもポイントだ。17時以降の食べ比べコースも魅力。6種の部位に〆は小カツ丼と夢のようなフルコース。部位によりトリュフ塩などでの食べ方も提案しており、新たなとんかつ革命を予感させる。

東京都新宿区高田馬場2-13-9 営11時～14時半LO、17時～21時LO 休日、月 席カウンターのみ、全14席／全席禁煙／カード可 交地下鉄東西線高田馬場駅6番出口から徒歩2分、JR山手線ほか高田馬場駅早稲田口から徒歩5分

[酒] ビ瓶500円 焼グラス700円～ 日1合800円～ ワグラス700円～、ボトル（仕入れによってあり）

脂と赤身のバランスがいい
軽やかな味わいのロース

1／豚肉の中央は艶やかなピンク色。頬張れば、しっとりと甘い肉汁が口中に広がる　2／軽やかな衣をまとった、弾けるようにプリプリの身。時価　3／先代から受け継いだ2代目の佐藤光郎さんが、温度の違うふたつの鍋を使い、じっくり揚げている

とんかつ すぎ田

Area_ 蔵前　　Tel_ 03-3844-5529

店に入ると、まず目に飛び込んでくるのが、清々しい白木のカウンター。その目の前で店主が職人技で揚げる美しいとんかつにもう目が釘付けになる。とんかつの肉は特に銘柄豚などにこだわらず、千葉県産を中心に使用。風味がいい腹脂のラードを使い、まずは中温で旨みを閉じ込め、次に低温でじっくり、最後に中温でカラッと3度揚げする。余分な筋などを大胆に切り落としたロースは脂の甘みが抜群。地元の名店から仕入れるパン粉はきめ細かく、油切れもよい。サクッと軽やかな歯応えで、上質な肉の味を存分に引き立てている。

東京都台東区寿3-8-3　(営)11時半～14時、17時～20時半（20時15分LO）　(休)木（水は不定休）　(席)カウンター、小上がり座敷ほか、全21席／全席禁煙／カード不可　(交)地下鉄大江戸線蔵前駅A5出口から徒歩3分

［酒］(ビ)小瓶400円～　(焼)なし　(日)1合850円　(ワ)ハーフボトル2000円

使うのはロースの赤身部分のみ
自家製ラードでコクをプラス
カツレツ
2700円

1／4代に渡り受け継がれる技と味を守るのは、店主の島田良彦さん。120℃程度の低温から徐々に温度を上げ、10分以上かけて丁寧に揚げていく　2／創業より伝わる名物。黄金色の軽快な衣にはラードのコクと香りが寄り添う

ぽん多本家

Area_ 御徒町　Tel_ 03-3831-2351

明治38年創業。宮内庁の料理人であった初代が、ウィーン風の仔牛のカツレツをヒントに日本の天ぷらの調理法で考案したのが、伝承の味「カツレツ」だ。贅沢にも脂を取り除いたロースの芯のみを使い、その削った脂で作る自家製ラードで揚げる。そうすることで赤身と同種の豚の脂のコクが加わり、肉本来の香りと旨みが際立つのだ。その計算された味わいに思わず脱帽する。カツレツはもちろん、江戸前の穴子やキスのフライ、黒毛和牛のタンシチューなど、客それぞれに自分のお気に入りがある。長く愛される老舗の味をご堪能あれ。

東京都台東区上野3-23-3　㊡11時～13時45分LO、16時半～19時45分LO（日・祝の夜は16時～）　㊡月（祝の場合は翌火休）　㊢カウンター、座敷ほか、全33席／全席禁煙／カード不可　㊆地下鉄銀座線上野広小路駅A1出口から徒歩1分

［酒］㋪小瓶540円～　㋛なし　㊐1合756円　㋻ハーフボトル3240円

霧降高原豚の極上の旨みを
極厚カットで味わう贅沢
霧降高原豚シャ豚ブリアン
かつ定食　3200円

1／ピンク色の豚肉は、甘く、口の中で溶けるような柔らかさ。この肉の厚みもうれしい。美白の衣には糖分の少ない特注のパン粉を使っていて、やさしい口当たりだ。ご飯、味噌汁、小鉢、お新香が付く　2／店主の三谷成蔵さんは、新橋の名店に12年間勤め、'10年にこの地に店を開いた。揚げる温度や時間をアレンジしていくうち、究極のとんかつを完成させた

とんかつ 成蔵

Area_ 高田馬場　　Tel_ 03-6380-3823

'10年のオープン以来、行列の絶えることない人気店。この店で使うのが、ウコンを食べて育った栃木の霧降高原豚。ジューシーな肉質に加え、脂身に甘みがあるのが特長だ。ヒレでおすすめは1頭から約3人分しか取れない真ん中の希少部位を使う「シャ豚ブリアンかつ」。食パンの中心部のみで作る生パン粉をまとわせ、余熱を保つ力に優れる腸間膜《ちょうかんまく》脂（内臓を包む脂）のラードで低温からじわじわとミディアムレアに仕上げる。サクッと白い衣は食材のこだわりと揚げ方がなせる技。柔らかく、ふくよかな赤身の甘みに悶絶必至だ。

東京都新宿区高田馬場1-32-11 小澤ビル地下1階　㊔11時〜14時LO、17時半〜21時LO※整理券の配布にて案内。配布開始時間は、ランチ9時〜、ディナー16時〜　㊡木、日　㊢カウンターほか、全18席／全席禁煙／カード不可　㊦JR線ほか高田馬場駅戸山口から徒歩2分

［酒］㋪生520円　㊎ウーロンハイ420円　㊐なし　㋻グラス520円

老舗の技が光る、軽妙なるとんかつと気持ちよい接客

特ロースかつ 1850円
（定食2300円）

1

1／脂が程よく入り、旨みの濃い肩ロース寄りの肉を使用。130〜140℃で約15分揚げ、余熱でロゼ色に仕上げている。 2／定食は、ご飯、なめこと豆腐の赤出汁、お新香付き 3／豚の中落ちやスジなどを使った煮こごり

丸五

Area_ 秋葉原　Tel_ 03-3255-6595

昭和50年の創業以来、とんかつ好きを魅了してやまない一軒。豚肉はあえて産地を指定せず、約20種類の銘柄から、そのとき最高の状態のものを厳選して使っている。揚げ油は、コーンサラダ油9にゴマ油1の割合でブレンドしたこだわりのものだ。糖度の少ない生パン粉をまとわせ、肉の柔らかさを引き出すように低温で揚げたとんかつは、サクッと軽く、噛めば旨みがじんわり。脂の上品な甘みに陶然となる。大葉を潜ませたキャベツの千切り、香り高い赤出汁に至るまで抜かりなく、客あしらいもこれまた心地よいのである。

東京都千代田区外神田1-8-1 営11時半〜14時、17時〜20時 休月、第1･2･3火 席カウンターほか、全35席／全席禁煙／カード不可 交JR山手線ほか秋葉原駅電気街口から徒歩3分

[酒] ビ大瓶650円 焼グラス500円〜 ワグラス500円 日1合600円

丁寧で誠実な仕事が生む絶妙な火入れに唸る！

1

2

1／約110℃の低温で揚げ、中心部をしっとりピンク色に残した火入れが絶妙。ヒレ肉のやさしい甘みにきめ細やかな衣が寄り添う一体感は抜群だ　2／ロースは1人前約200g。サクサクの衣と約3cmの厚みがうれしい。ジューシーながら噛み応えもあり、満足度大。ヒレもロースもご飯にポテトサラダ、豚汁、お新香が付く

とんかつ 燕楽

Area_ 池上　　Tel_ 03-3754-8243

『燕楽』のとんかつは、けれん味がない。使用するのは山形県平田牧場の三元豚。これに食パンで作った自家製パン粉をつけ、豚の腸間膜のラードを使って低温でじっくり火を通し、さらに余熱で柔らかく仕上げるのが信条だ。肉質やその日の気候によって揚げる温度や時間を調整しながら、軽やかな衣としっとりとした肉のバランスがよい、店主入魂の一品を供してくれる。注文ごとに刻む瑞々しいキャベツや自家製マヨネーズのポテトサラダ、豚汁など、丁寧な仕事の付け合わせにも拍手を送りたい。アットホームな店内でじっくりと堪能しよう。

東京都大田区池上6-1-4　(営)11時～14時半、17時～21時　(休)日・月　(席)カウンターほか、全24席／全席禁煙／カード不可　(交)東急池上線池上駅から徒歩2分

[酒](ビ)生550円　(焼)なし　(日)1合550円　(ワ)なし

3

肉卸のアンテナショップ 採算度外視の 激旨とんかつに感動

嬉嬉豚
ロースとんかつ定食
200g 1100円
（平日ランチは1000円）

肉巻きエビフライ定食
3本 950円
（平日ランチは850円）

嬉嬉豚熟成肉
「ねむるぶたおふトン」定食
200g 1800円
（平日ランチは1700円）

1　綿実油で揚げた適度な弾力の肉。キャベツの千切りもたっぷり。ご飯大盛り無料で小鉢と豚汁も付く。お持ち帰りコーヒー無料のサービスも　2／エビフライは「エビだけじゃ面白くない」と肉巻きに。プリッとした身に豚バラを巻いているから二重の旨み　3　独自の技術で40日熟成させたリブロースを使った自身作

嬉嬉豚とんかつ『君に、揚げる。』

Area_ 池袋　Tel_ 03-5957-0429

「小さな養豚農家さんが一生懸命育てている本当に旨い肉をブランド化して応援したいんです」とは社長の言葉。肉卸の直営店だからこそ、プロが認める上質な肉を安く提供できるという訳で、ご覧の群馬県産「嬉嬉豚」を使った肉厚ロースが何と１１００円！思わず二度見する驚きの価格とクオリティだ。なかでも、おすすめのリブロースは自社で骨付きのまま40日間熟成させた自信作。酵素の働きで旨み成分が４倍にもなるそう。芳醇な香り&甘みの肉質はお見事。ポップな店名の裏に隠された社長の熱き想いにも惹かれる！

東京都豊島区南池袋2-13-10 東海キャッスル小林1階
㊮11時～16時、17時～20時　㊡水、木　㊢カウンターのみ、全9席／全席禁煙／カード不可　㊯JR山手線ほか池袋駅東口から徒歩4分

［酒］㋪瓶500円のみ

職人技が極まる奥深いカツ とんきの美学を堪能するべし

1／厚切りにしたロース肉は約160g。青菜とネギのシンプルな味噌汁は、豚の塊肉をダシを取るためだけに(!)使うという贅沢さ　2／定食はすべてご飯、キャベツがおかわり可　3／ふわっ、かりっとした衣の食感が味の決め手。卵液と小麦粉を交互に三回まぶし、最後にパン粉をまとわせる

とんき

Area_ 駒込　　Tel_ 03-3949-7387

油染みひとつない店内に白木のカウンター。細やかなもてなし。さながら割烹と見まがうほどだが、その味わいはどこか懐かしく、そして深い。『とんき』のカツの大きな特徴は、卵と粉を〝三度付け〟して仕上げる独特の衣。純ラードのコクを含みながらも、軽やかでまったく脂っこくないから不思議である。この衣によって旨みが封じ込められた肉はしっとり艶やか。「お客さんの席に届くタイミングで、丁度よく余熱が入るように揚げています」と、主人の椿沢さん。自家製ソースや味噌汁、漬け物にいたるまで、とんかつ道に妥協はなし。

東京都北区中里2-4-5　(営)11時45分～14時LO、17時～21時半LO　(休)木　(席)全20席／全席禁煙／カード不可　(交)JR山手線ほか駒込駅東口から徒歩2分

[酒] (ビ)生中480円　(焼)なし　(日)1合520円～　(ワ)ハーフボトル1000円

衣が旨い！
肉が旨い！
創業47年の名物カツ

ロースかつ 1240円
（ランチ・夜はセットメニュー付き1620円）

ミックスB
（ひれかつ・
コロッケ）
1450円

1830円）

1／柔らかいヒレとポテトコロッケのセット　2／リブロースに酒と醤油などで下味をつけ、片栗粉をまぶしてカラッと揚げる。ニンニク風味の自家製赤味噌で食す　3／人気のロースかつ。7割ほど火が通るよう揚げ、残りは余熱で仕上げる

肉の唐揚げ
1080円

とんかつ　みづま

Area_ 千駄木　　Tel_ 03-3827-9774

ザクリと音がするほど存在感ある衣が特長的。食パンを豪快に手でちぎった自家製パン粉はもはやゴツゴツ（笑）！それが揚げるとやたら香ばしくて旨いのである。極粗のすき間は別の細かいパン粉で補う裏技にも感心だ。その衣が程良い弾力の肉とマッチする。銘柄にこだわらず国産豚を使い、1週間ほど真空のまま冷蔵で寝かせるとより柔らかくなるのだとか。揚げ油はラード100％で、常に新しいものを使うよう心掛けている。昼は自家製ぬか漬けに煮物の小鉢が付く。夫婦で切り盛りするアットホームな雰囲気も心地良い。

東京都文京区千駄木3-44-1　㊒11時半～14時半、17時～20時半（20時LO）　㊡火　㊢全12席／全席禁煙／カード不可　㊯地下鉄千代田線千駄木駅2番出口から徒歩4分

［酒］㊍中瓶600円
㊐グラス550円～
㊐1合600円～
㋻なし

カツの旨さを引き立てる伝統のデミグラスソース

1

3

2

1／ヒレは赤身の力強い旨み。ロースもある　2／魚は4代目の店主が毎日市場に出向いて仕入れる。写真は九州産の釣りアジのフライ。肉厚で臭みがなく、ホクホクとした身。冷めてもカリッとした衣の揚げ具合はさすが　3／トマトベースに牛肉のダシや赤ワインなどを加えたデミグラスソース。程良い酸味とコクだ

お座敷洋食 入舟

Area_ 大森海岸　Tel_ 03-3761-5891

すごくいいのである。誠実な味も、昔の面影残る店の雰囲気も。創業した大正13年頃は洋食がご馳走で、おめかしして食べに来る人も多かったとか。そんな懐かしき美味しさに出合えるのがこの店。4代目が考えた、頭から尻尾まで食べられる「天使の海老」のエビフライが有名だが、実はポークカツも絶品だ。岩中豚にこだわるカツはふわっとしたパン粉でやさしく包まれ、新鮮な油でカラリ。その上に創業から守るデミグラスソースをとろり。まろやかな肉とトマトベースの奥深いソースの相性が素晴らしく、まさに洋食屋さんが作る名作だ。

東京都品川区南大井3-18-5　㊔11時半～14時（13時半LO）、17時～21時（20時半LO）　㊡日・祝の月　㊢全70席／全席禁煙（個室は喫煙可）／夜のみカード可　㊫京急線大森海岸駅から徒歩5分

［酒］㋝生小320円～　㊝グラス430円～、ボトル3240円～　㊐グラス480円～、ボトル2370円　㋻ハーフボトル1000円

噛みしめて一杯。肉の旨みが溶け出すかつと燗酒が絶品

1　肉汁じゅわ〜の自家挽きメンチ　2　純米や生酛、山廃を中心に燗映えする銘酒が揃っている。スッと脂を流し、旨みを増幅　3／クリーミーにマッシュされたポテサラや春菊のごまだれ和えなど、つまみも充実。店主が惚れた「南の島豚」は宮崎県の永田種豚場で飼育される希少豚だ

本家 あげづき

Area_ 神楽坂　　Tel_ 03-6265-0029

数ある豚肉から選んでいるのは「旨み抜群。脂身の融点が低く、とろける食感で、甘みが一段深い」という「南の島豚」。旨さを引き出すために、まずは低温でじっくり、仕上げに高温で二度揚げする。仕上がりは衣は白め、断面は淡いピンク。噛みしめると、柔らかくも肉の旨みがガツンと前に出る。「ひと口目はぜひ塩で」というのも頷ける。で、とんかつにぜひと推すのが燗酒。「熱々のとんかつにはやはり燗で。酸度の高い、キレのいいお酒を」と相性抜群の酒が揃う。揚がるのを待つ間に一杯、揚がったとんかつでさらに一杯がまた至福だ。

東京都新宿区神楽坂3-2 山ノ内ビル地下1階　㊔11時半〜15時（14時半LO）、18時〜22時半（22時LO）、土・日・祝11時半〜15時（14時半LO）、17時半〜22時半（22時LO、日・祝20時半LO）　㊡火、第3水　㊫全28席／一部喫煙可／カード平日ランチ以外可　㊋地下鉄有楽町線ほか飯田橋駅B3出口から徒歩3分

［酒］ⓔ生中648円　㊒グラス540円〜　㊐グラス486円〜　ⓦボトル3024円

焼きとん

土日は昼から大賑わい
希少な部位を
格安で味わえる人気店

焼きとん
ひと目見れば鮮度の良さがわかる『いとや』の串焼き。炭火の火力を生かして香ばしく焼く。大ぶりサイズなのもうれしい

1　多くの人で賑わう店内　2／「マカロニサラダ」はつまみで一番人気。梅酢とゆかりに漬けた「酢豆腐」　3／毎朝芝浦の食肉市場から届く新鮮なもつを売り切り。味付けは基本おまかせで、「しろ」はタレ、「かしら」は塩など部位ごとに変える。好みでオリジナルの赤味噌を付けて

もつ焼 煮込み いとや

Area_ 蒲田　　Tel_ 03-6885-4970

コの字カウンターで味わうのは炭火で焼いた極旨の豚もつ、さらには呑んべえの心くすぐる肴が揃い、見渡せばそこかしこに客のえびす顔……とくればもう完璧。これぞ蒲田で人気を博す大衆焼きとん屋の新鋭だ。もつは毎日売り切りだから鮮度抜群。希少部位も豊富で、例えば2頭で1串分しか取れない「あぶら（動脈周囲の脂）」など、すぐ完売する部位も多い。味付けは塩、ダシ醤油、牛もつの脂を加えた自家製ダレを使い分ける職人技。焼きとんはもちろん、280円からあるおつまみとともにシャリキンをグビッなんて最高だッ！

東京都大田区西蒲田7-29-3　㊔16時～23時(22時半LO)、土・日・祝13時半～材料が無くなり次第終了　㊡無休　㊫カウンターほか、全45席／全席喫煙可／カード不可　㊋JR京浜東北線ほか蒲田駅西口から徒歩2分

[酒] ㋪生500円　㊐グラス450円～、ボトルなし　㊐グラス400円～　㋻なし
※すべて税抜き価格

開店ラッシュが止まらない！ ただいま急成長の焼きとん屋

1／手前の皿は名物「あみレバ」など人気の串5本。奥は、たんした、かしらなど定番を盛り合わせ　2／グレープフルーツ丸ごと1個使うサワーも人気　3／「鉄鍋ホルモン焼」は唐辛子が利いた旨辛味。名物の「ハラミポン酢」は肉の旨みをさっぱりとポン酢で

あぶり清水 HANARE

Area_ 新橋　　Tel_ 03-6280-6724

いま焼きとん屋で最も勢いがあるのが『あぶり清水』系列。9年前に社長が小さな店からスタートし、もつの捌き方など独学で習得して人気店に成長させた。

新橋界隈に5軒持ち、2018年だけで市ヶ谷、目黒、水道橋、新宿にオープンしているという大注目株だ。既存のこちら『HANARE』は予約必至店。本店と同じ上質な上州豚の焼きとんを提供する。初めてなら必ず注文してほしいと店長が胸を張るのが、網脂でレバーを巻いた串「あみレバ」や「もつ鍋」などの看板料理。まずは清水の真骨頂をお試しあれ。

東京都港区新橋3-26-4 相互ビル1階　営17時～翌4時(翌3時LO)、月・土・日・祝17時～23時半(23時LO、食材が無くなり次第終了)　休無休　席カウンターほか、全26席／全席禁煙／カード可　交JR山手線ほか新橋駅烏森口・汐留口から徒歩1分

[酒] ビ生550円(1杯目280円)　焼グラス500円～　日グラス450円～　ワグラス500円～、ボトル2500円～
※すべて税抜き価格

鮮度の良い肉を最良の状態で提供する絶妙な焼き加減

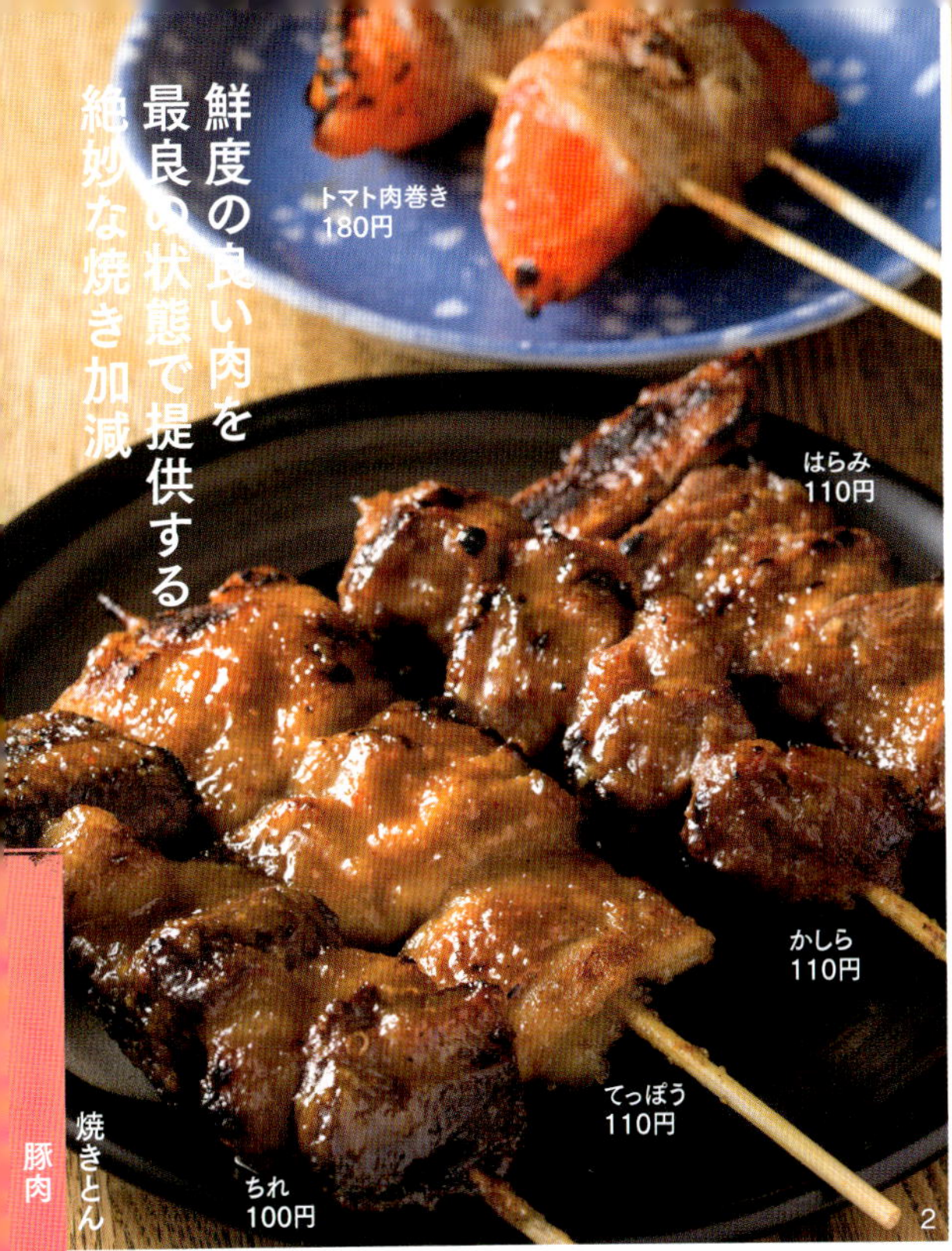

1／まかない料理から生まれた「もつカレー」も名物。パンで食べるのがオツ。鉄道好きの店主・藤井さんが新潟で出合った「玉風味」は、焼きとんに合う定番酒　2　トマト肉巻きは塩焼き。大きな串切りのトマトを巻くから、ジューシー。写真の焼きとんはいずれも味噌。豚肉の旨みを味噌ダレが包み込み、噛みしめると混然一体となる

やきとん たつや

Area_ 沼袋　　Tel_ 03-5942-9986

「これが豚肉!?」。『たつや』の焼きとんをはじめて食べたとき、思わず叫んだ。これまで食べてきた多くの焼きとんとは、印象が違ったのだ。臭みはまったくなく、ただただ豚肉の旨みを凝縮したような味わい。「鮮度の良い肉を、〝今食べると美味しい〟という焼き加減で出す」。美味しさのワケを店主に尋ねると、いたって明快な答えが返ってきた。たしかに理屈は要らないのだと、一串ひと串を味わい一杯飲めば、実感できる。

　希少部位の豚の刺身をはじめとする、お酒との相性のいい日替わりの一品「もつやすめ」もぜひ楽しみたい。

東京都中野区沼袋3-27-6 1階　㊮月18時～24時(23時最終入店)、火～土17時～24時(23時最終入店)、日・祝17時～23時(22時最終入店)　㊡不定休
(席)カウンターのみ、全27席／全席喫煙可／カード可
(交)西武新宿線沼袋駅北口から徒歩2分

[酒] (ビ)生550円、大瓶600円　(焼)グラス300円～　(日)グラス300円～　(ワ)グラス380円～

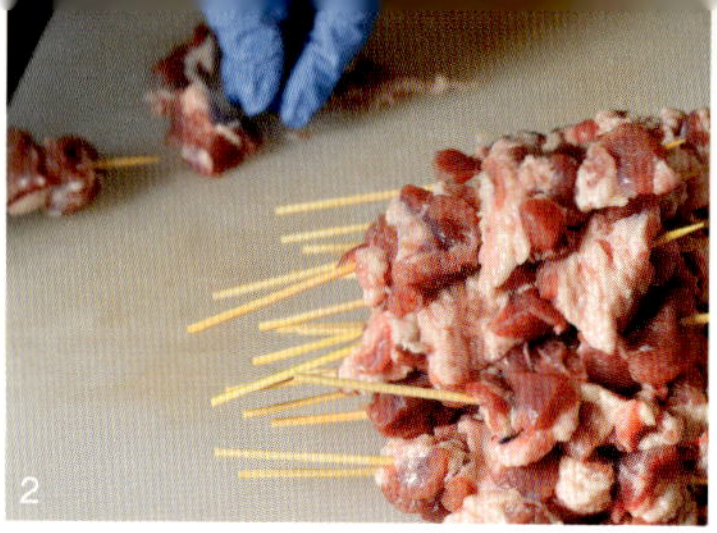

1／「れば」、「しろ」など豚もつはすべて上州豚。味付けは風味付けに熊本の赤酒を加えたダシ醤油、豚バラのダシで仕込む甘ダレ、味噌ダレ、塩をおまかせで対応　2／一つひとつ計量して串打ちする　3／桜色が美しい「こぶくろ刺」は丁寧に処理をした後にボイル。コリコリとした歯応えだ。「山芋醤油漬け」も絶品

もつ焼き 煮込み 鶴田

Area_ 神田　Tel_ 03-6262-3474

若き店主が成功させた錦糸町『もつ焼き 煮込み 楓』の2号店。「上州豚」の品質の良さに惚れ込み、串に使う内臓類はすべて群馬県から毎朝直送されたものを使っている。感心するのは細部にまでこだわる仕込みだ。火入れを安定させるため部位ごとに1グラム単位で細かく計量して串打ちするという徹底ぶり。客に提供する順番もあっさりした塩味から濃厚な味噌ダレへと味わいの変化を楽しめるよう計算している。最初の1本は自慢のレバーを塩でぜひ。ごまかしが利かない真っ向勝負の旨さに、きっと度肝を抜かれるはずだ。

東京都中央区日本橋本石町4-5-11　(営)11時半～13時半（月～金のみ）、16時～23時半（23時LO）　(休)日・祝　(席)カウンターほか、全28席／全席喫煙可／カード不可　(交)JR山手線ほか神田駅南口から徒歩3分

[酒] (ビ)生480円　(焼)グラス350円～、ボトルなし　(日)1合450円～　(ワ)グラス450円、ボトルなし　※すべて税抜き価格

旨いもつ焼きと酒を求めて
カウンターに地元の
常連客が集う

1／この日はトビウオ、太刀魚、インドマグロ、アジ、ホウボウ。磯の香りが強いカジキの塩辛は酒にピッタリ　2／3時間煮込んだ豚の角煮は箸でほろほろと崩れる柔らかさだ　3　ばらは西京味噌に漬けてあり、旨みが増幅。つくねは豚挽き肉を使用している。仕入れによっては品切れも

もつ焼き じろちゃん

Area_ 曳舟　　Tel_ 03-5247-3177

２０１５年３月にオープン。客層は近隣の人がほとんどという地域密着店だ。もつは芝浦から仕入れたもの。質の悪いときは入荷をやめることもあるというほど品質にこだわっており、特にシロやテッポウの脂ののり具合が秀逸だ。もつ焼きは塩、タレ共にそのまま食べても美味しいが、自家製ニンニク味噌をつけるとますます美味。常連客が多いため飽きがこないよう、もつ焼きの他に、一品メニューも充実。特に魚介類は、千葉から取り寄せる「産直地魚五点盛り」が上質な魚を盛り合わせて１０００円〜とお手頃。もつ焼きと共に人気だ。

東京都墨田区東向島6-9-6　㊊17時半〜24時、日・祝16時〜23時　㊡木　席カウンターほか、全20席／全席喫煙可／カード不可　交京成押上線京成曳舟駅東改札口から徒歩3分

［酒］ビ生380円、瓶600円　焼ボトル1500円　日500円　ワグラス380円

サクサクとしっとり
ふたつのカツの食感を
一杯で堪能

1／丼には味噌汁、お新香が付き、ランチタイムはデザートの小鉢もある。お新香は60年以上続く自家製のぬか床で作ったもので美味　2／最初は、玉ネギにコブとカツオダシベースの丼タレを合わせ、溶き卵を投入する「煮かつ丼」だけだったが、常連さんの要望で3種類に。特製ソースと大根おろしでいただく「そうすかつ丼」も人気

とんかつ鈴新

Area_ 四ツ谷　　Tel_ 03-3341-0768

卵の布団から勢いよくハミ出したロースカツ！ 荒木町で60年続くとんかつ屋『鈴新』の〝かけカツ丼〟だ。カツの半分にしか卵をのせないことで、衣がサクッとした部分と、しっとりした部分を両方味わえる。カツは茨木の大ヨークシャー豚を自家製ラードだけで揚げたもの。程よい水分量の生パン粉を使用しているため、衣が脂を吸い過ぎず、甘めの丼タレと重なってもくどくない。カツの香ばしさと肉の風味が際立つ、絶妙なバランスの丼だ。他に「煮かつ丼」、特製ソースで食べる「そうすかつ丼」と、3種の丼が用意されている。

東京都新宿区荒木町10-28 十番館ビル1階　㊇11時半～13時、17時～20時半（20時LO）　㊡日・祝　㊕カウンターのみ、全13席／全席禁煙／カード不可　㊈地下鉄丸ノ内線四谷三丁目駅4番出口から徒歩5分

［酒］㋪中瓶800円　㊊800円　㊐600円～　㋻なし

熱々に揚がった
カツをとろ～り
半熟卵が包み込む

特製かつ丼
単品1280円
(定食1680円)
3

海老フライ
1430円
1

1／大きめの大正エビのフライ　2／カツ丼用のカツは、揚げ油をあまり切らずにすぐツユの中へと移動。ラードの味が、甘めのタレにコクを加える　3／溶き卵2個をあまりかき混ぜず、丼へ投入する。タレに卵が絡まることでコク深く、いっそうまろやかな味わいになる

2

銀座 とん㐂《き》

Area_ 銀座　　Tel_ 03-3572-0702

銀座の路地にある小さなビルの階段を降りると、天井がやや低く、どこか懐かしい雰囲気のお店に到着。中では厨房真ん中の真鍮製の鍋に、注文のたび衣をまとったカツやエビが入れられ、ジュワ～ッと心地よい音が響く。

豚は、今でこそ有名になったが、店ができた頃の30年前から山形県「平田牧場」の三元豚を使用。180℃から190℃に熱したラードで、ロース肉の旨みを閉じ込めながら揚げていく。カツは甘めのタレで軽く煮た後、とろとろの半熟卵でおめかし。ご飯を一気にかきこみたくなる、昔ながらのカツ丼だ。

東京都中央区銀座6-5-15 銀座能楽堂ビル地下1階　㊎11時半～15時、17時～21時(20時半LO、土・日・祝は昼のみ)　㊡無休　㊢カウンターほか、全19席／ランチタイムを除き全席喫煙可／カード不可　㊋地下鉄銀座線ほか銀座駅B9出口から徒歩3分

[酒] ㋪生小450円、中620円　㊐チューハイ570円　㊐770円　㋻なし

客の好みに合わせて長ネギか玉ネギを選べる心遣いがうれしい

1／メニューは日替わりの小鉢、自家製のぬか漬け、お味噌汁付き。カツを揚げるパン粉には、砂糖をほんの少し加えてこんがりと色よく揚がるようにしている　2／岩中豚のロースを3枚使った生姜焼きは、肉そのものの旨みをしっかりと感じられる。近所のお米屋から毎朝届く精米したてのご飯も旨い！　3／SPF豚とも呼ばれる岩中豚。脂のいやな臭みはまったくなく、ふわっと溶ける

ふじもと

Area_ 千駄ヶ谷　Tel_ 03-3401-7228

将棋会館からの出前注文でも人気のとんかつ屋さん。カツ丼を頼むと、「長ネギにしますか、玉ネギにしますか？」と聞いてくれたのでびっくり（出前では長ネギ、金曜日のサービスデーのカツ丼は玉ネギを使用とのこと）。お客の好みのことを考えて自然と生まれたサービスらしい。ラード7対サラダオイル3のオリジナル配合で揚げた岩中豚は、しっとりもっちりとした食べ応え。カツに生パン粉をつけるときの溶き卵には、牛乳とチーズを足して風味を加えている。隠れた工夫が多いが、どこかほっとする味に仕上がっている。

東京都渋谷区千駄ヶ谷3-14-2　㊫11時半～15時、17時半～21時、土11時半～15時（夜は予約のみ営業）　㊡日・祝　㊮1階2階合わせて、全26席／14時まで全席禁煙／カード不可　㊇地下鉄副都心線北参道駅2番出口より徒歩3分

［酒］㋪生450円、瓶600円　㊔グラス450円　㊐1合450円～　㋻グラス450円

1／メニューのすべてに和辛子を利かせて、ふわりと泡立てた特製からしソースが付く　2／薄カツ用の肉にポテトサラダをのせて揚げたもの　3／ソースの甘みは上白糖以外の秘密の素材で出しているとか

ワセカツ！ 奏《そう》す庵《あん》

Area_ 早稲田　　Tel_ 03-6302-1648

店名の〝ワセカツ！〟とは、薄いカツを特製のソースに浸したカツ丼のこと。早稲田の地で生まれたことと、早く揚がるという趣旨の〝早生〟の両方をかけた名だという。看板メニューの「ワセカツ丼」は、厚さ4㎜の薄カツと8㎜の厚カツの両方をのせたもの。北海道のブランド豚「夢の大地」がカリッと揚げられ、ウスターソースベースの甘口ソースと絡まり独特の味わいを生み出している。食事の前に出される福井産の梅干し、大根の甘酢漬け、りんご、キャベツの味噌汁など、付け合わせも丁寧に考えられ、食事としての完成度も高い。

東京都新宿区早稲田鶴巻町555-19 鶴屋ビル1階　㊔11時～15時LO、17時～22時LO　㊡水、年末年始　(席)カウンターのみ、全13席／全席禁煙／カード可　(交)地下鉄東西線早稲田駅1番出口より徒歩6分

[酒] (ビ)生600円　(焼)グラス500円　(日)500円～　(ワ)微発泡赤グラス450円

卵とじカツに
半熟卵が鎮座！
濃厚な旨さに進化

1／2層の卵と甘いツユがしっかりとした豚肉の旨みを抱え込む。米は山形のつや姫を使用。味噌汁、お新香付き
2／黒豚を使い、粗めの生パン粉をまとわせて低温でじわりと揚げる。しっとりピンク色を残した火入れが絶妙だ

銀座梅林 本店

Area_ 銀座　Tel_ 03-3571-0350

昭和2年に創業したとんかつ専門店。かつ丼といえば蕎麦屋のものだった当時、カツオダシではなく、豚肉のスジと玉ネギからダシをとった関東風の甘口ツユで作るかつ丼を提供し、評判を呼んだ。そんな老舗の名物は、ヒレ肉を使う「スペシャルカツ丼」。綿実油で口当たりやさしく揚げたヒレを卵でとじ、贅沢にも真ん中に半熟卵をのせるのが特徴。半熟卵を崩すと、豚肉や衣の旨み、甘いツユとともに濃密な味わいが広がる。

海外にも店を構える『銀座梅林』。日本のみならず世界中で支持されるとんかつは、これからも愛され続けるだろう。

東京都中央区銀座7-8-1　㊖11時半～20時45分LO　㊡無休（1/1～1/3を除く）　㊢カウンターほか、全35席／全席禁煙／カード不可　㊫地下鉄丸ノ内線ほか銀座駅A2出口から徒歩3分

[酒] ㋪生700円　㊐なし　㊐1合700円　㋻ハーフボトル1200円

溶かない卵と青ネギの食感に魅了される

特ロースかつ
1900円

大かつ丼
1700円

1／生パン粉でサクッと揚げた155gのロース。1頭から5枚程しかとれないサシの美しい肩上の部位を使う　2／ぶ厚いロースは噛むと肉汁が溢れ、甘辛いツユとよく合う。余熱でとろりと半熟になった卵とのバランスもいい

勝漫

Area_ 淡路町　　Tel_ 03-3256-5504

先代が生んだ味を守り続けて40年。『勝漫』のかつ丼は、甘辛いツユで、玉ネギではなく青ネギとともに煮たかつの上に、卵2個を溶かず落とすスタイルだ。黄身は生に近い状態で、白身には絶妙に火が入ってふんわりと全体を包む。決め手となる卵には有精卵を使用。豚は脂の甘い岩中豚、揚げ油は綿実油100%にこだわる。ジャズが流れる店内で、卵の下で衣がしっかりと立った、芸術的な一杯をご堪能あれ。

　また、ロースカツ、チキンカツ、玉子サンドが楽しめる「よくばりカツサンド」も発売(800円)。こちらもぜひ。

東京都千代田区神田須田町1-6-1　㊔11時～14時半、17時～20時半　㊡日・祝　(席)カウンターほか、全23席／昼のみ全席禁煙／夜のみカード可　(交)地下鉄丸ノ内線淡路町駅A1出口から徒歩1分

[酒] (ビ)生中タンブラー600円　(焼)グラス550円～　(日)1合600円～　(ワ)250ml800円

変わらぬ真心と たゆまぬ努力で いまなお進化中

2

1／こんがり焼いたパンと程よい厚みのカツのバランスがベストマッチ。ひと口大に切ってあるのも銀座の洋食店らしい品格を感じさせる　2／数年前、パンを食べ比べて選び直したという国産小麦を使った「角食パン」　3／バターを塗ったハムサンドも美味

1

3

カツサンド

煉瓦亭

Area_ 銀座　Tel_ 03-3561-3882

銀座の洋食の歴史を物語る『煉瓦亭』は、ポークカツレツを日本で最初に出したことでも知られる明治28年創業の老舗だ。そのカツレツをパンにはさんだカツサンドもまた草分けのひとつ。からりと揚げたとんかつにソースを絡めていったん置き、ソースがカツに馴染んだら玉ネギのスライスと共にトーストしたパンにはさむ。老舗洋食店ならではの手間を惜しまぬ仕事ぶりが光る逸品だ。パンは銀座の食パン専門店『セントル ザ・ベーカリー』の角食パンで、時間がたってもしっとりモチモチ。持ち帰りもできるので、ぜひ試してみてほしい。

東京都中央区銀座3-5-16　(営)11時15分～14時15分LO、16時40分～20時半LO（土・祝20時LO）　(休)日　(席)全110席／全席禁煙／カード不可　(交)地下鉄銀座線ほか銀座駅A10出口から徒歩4分

[酒](ビ)小500円～　(焼)なし　(日)600円～　(ワ)グラス500円

シャキシャキキャベツととんかつソースが専門店らしい味わい

ヒレかつサンド
800円

1／柔らかく脂が少ないヒレをカツサンド用にカットしている。自家製のスパイシーなとんかつソースが合う。前日の昼までに要予約。とん汁100円もテイクアウト可　2／肉の旨みが濃い肩ロース近くの肉を180g以上使用した「上ロースかつ膳」(1400円)。塩で食べると脂の甘みが際立つ

とんかつ にし邑

Area_ 東銀座　　Tel_ 03-5565-2941

2代目が揚げるロゼ色に輝くとんかつは火入れが肝要。短時間で揚げて余熱で芯まで火を入れるため、肉が驚くほど柔らかい。サラダ油で揚げるため軽やかで、噛めば肉の旨みがほとばしる。そんなとんかつを使った持ち帰りのみのカツサンドも隠れた人気メニューだ。カツが温かいうちにはさむとキャベツから水分が出るため、完全に冷ましてからはさむ。そうすることで、シャキシャキのキャベツが絶妙なアクセントとなり、唯一無二の逸品に仕上がるのだ。完成までに4時間を要するが、その徹底したこだわりが名店の味を生み出す。

東京都中央区銀座3-12-6　(営)11時～14時半、17時～21時　(休)土・日・祝　(席)カウンターのみ、全14席／全席禁煙／カード不可　(交)地下鉄日比谷線ほか東銀座駅3番出口から徒歩3分

[酒] (ビ)500円～　(焼)350円　(日)グラス550円　(ワ)グラス500円

ビーフカツサンド
2440円
2

分厚いカツの絶妙な柔らかさに思わず唸る！

カツサンド（ロース）
1640円
1

1／カツは150g～170gのボリューム。メキシカンポークのロースを低温の油でじっくり揚げる。サンドするパンと同じくらいの柔らかさに仕上げるのが熟練の技だ。好みでマスタードを付けていただく。ヒレカツのサンド（1640円）もある　2／メキシカンビーフのサーロインを使用。余分な脂を取り除き、赤みが残るようレアに揚げる。シャキッとした千切りキャベツと肉の旨み、スッキリした口当たりの自家製ソースが、口中で三位一体となる！　こちらも夜のみの提供メニュー

ポンチ軒

Area_ 小川町　　Tel_ 03-3293-2110

前身は赤坂にあったトンカツと洋食の名店『フリッツ』。'12年の移転を機に、揚げ物のレシピはそのまま受け継ぎつつ、〝トンカツと豚しゃぶの店〟として再出発した。

人気の「カツサンド」は夜のみのメニューで、ドンと鎮座するカツの存在感は圧巻。分厚いのにサックリ噛み切れるほど柔らかい食感で、辛子バターを塗ったパンと千切りキャベツ、そして香味野菜とスパイスを調合したソースが相性抜群だ。

常連客に評判の「ビーフカツサンド」はサーロインの赤身を厳選し、ラードで揚げることでコクを出した逸品だ。

東京都千代田区神田小川町2-8 扇ビル1階　㊖11時15分～14時LO、17時半～21時半（20時半LO）、月・火11時15分～15時LO　㊡日、第3月　㊢カウンターほか、全20席／全席禁煙／カード不可　㊯都営新宿線小川町駅B5出口から徒歩2分

［酒］㋞生550円、中瓶650円　㊇グラス480円、ボトル2400円～　㊐グラス680円～　㋻ボトル3600円～

ボリューム満点
これぞ洋食屋の
カツサンド
カツサンド
1400円

ハンバーグとカニクリームコロッケ
1200円

1　カツが二重に入った名物サンド。作る時にギュッと押さえても小さくならないよう四枚切り食パンを使う。持ち帰りも可　2／人気の定食。ハンバーグは注文があってから成形して焼く。自家製デミグラスソースは牛スジ入り。ライスと味噌汁も付く

洋食や“B”

Area_ 池尻大橋　Tel_ 03-3424-8200

地元で愛される洋食店の根強い人気メニューがこちらの「カツサンド」（夜のみの提供、1400円）。大きな豚ロースのカツ1枚を半分にカットし、脂身と肉の部分をバランスよく二重にして厚切り食パンで挟んだスタイルが特長だ。もとはお土産用として客に作っていたのが評判を呼んで定番になったという。

味付けの工夫はブレンドソースとアクセントに加えた自家製のタルタルソース。目を見張るボリューム感もさることながら、そのクオリティの高い味わいとお値打ち価格に思わず顔がほころんでしまうだろう。

東京都世田谷区池尻2-10-10　㊖11時半〜13時半、18時半〜20時半（材料がなくなり次第終了）、土18時半〜20時半　㊡日・祝　㊫全18席／全席喫煙可／カード不可　㊦東急田園都市線池尻大橋駅南口から徒歩7分

［酒］ⓒハートランド中瓶750円　㊦グラス600円　㊐なし　ⓦグラス600円

ミディアムレアに仕上げられた端正なカツをハイボールと楽しむ

カツサンド
2000円

見た目、食感、余韻の三位一体。サクッと噛み切れるがゆえに食べ進めても崩れず、柔らかく、ジューシー。手に持っても美しい贅沢感のあるバーフードだ

GINZA 1954

Area_ 銀座　Tel_ 03-3571-2008

きめ細やかでジューシーな肉質のカツサンドを楽しめる銀座の人気バー。カツに使用するのは、宮城県大河原の三元豚のもち豚ロースだ。周りの脂身を落として芯の部分のみを使用。高温でガッと揚げた後、余熱でゆっくり火を通すことで、きれいなピンク色の断面と肉汁をたたえたミディアムレアに仕上がるという。サクッと軽い歯触りで噛み切れながら、肉はほの甘く余韻が残り、銀座木村屋総本店特注のパンとも一体化。「竹鶴ピュアモルトのハイボール」などとすっきりと合う。銀座らしい酒脱なカツサンドだ。

東京都中央区銀座8-5-15 SVAX銀座ビル地下1階　(営)18時～翌3時（土～24時）　(休)日・祝　(席)カウンターほか、全23席／全席喫煙可／カード可　(交)地下鉄銀座線ほか新橋駅3番出口から徒歩2分

[酒](ビ)生1000円　(焼)グラス1000円～　(日)なし　(ワ)グラス1500円～　※テーブルチャージ（お通し付き）1500円、サ10%別。すべて税抜き価格

軽くサシの入った貴重な豚肉を使用した絶品サンド

カツサンド
2000円

200gはあるというカツサンド。肉厚で食べ応えがあるが、気がつくと胃袋に収まっている。冷めても美味しく、テイクアウトとしても人気がある

Bar THE HAMILTON

Area_ 銀座　　Tel_ 03-5537-1860

店をオープンする際、20種類くらいから厳選したという豚肉は十勝産の〝かみこみ豚〟。100頭中3〜5頭しかいないという軽くサシの入った豚肉で、こちらではそのロースの芯の部分を使っている。サシがあるため冷めても身が締まり過ぎず、サクッとしながら、噛み締めていくと豚肉の甘みもしっかり堪能できる。カリッとした衣とのバランスも秀逸だ。ほの甘くスモーキーな味わいの「ジョニー・ウォーカー・ブルーラベルのソーダ割り」とも相性抜群。ハイボールとの絶妙なハーモニーをゆっくりと楽しんでほしい。

東京都中央区銀座7-8-14 銀座108ビル5階 ㊔18時〜翌4時（フード翌3時LO）、土〜24時（フード23時LO） ㊡日・祝 ㊛カウンターほか、全32席／全席喫煙可／カード可 ㊆地下鉄銀座線ほか銀座駅A2出口から徒歩5分

[酒] ㋪生1000円 ㊦なし ㊐なし ㋒グラス1000円〜 ウイスキー1000円〜 ※すべて税抜き価格

部位ごとの焼き方を知る

大きく分けて“タン・脂の少ない赤身系・脂の多いカルビ系・脂の少ない内臓系・脂の多い内臓系”の5つの焼き方を覚えておくと焼肉はさらに美味しくなる。基本は、1.表面は高温部で焼き、中は低音部でじっくりと焼く。2.表面をよく見て、肉汁が浮き出てきた、返しのタイミングを逃さないこと。ちなみに炭火は火の通りにムラが出やすく焼き加減が難しい。それに対してロースターは火力が安定しているうえ、調節も簡単なので、上手に肉を焼きやすい。

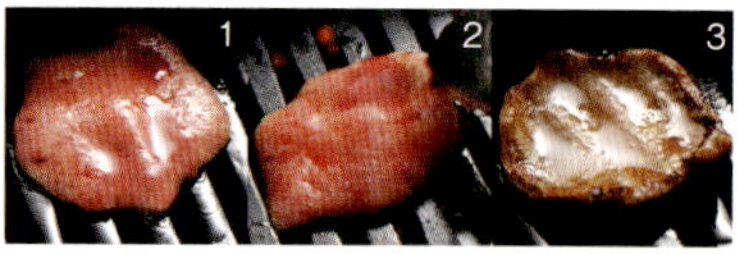

タン

1／焼き始めると、短時間で肉汁が浮かぶ　2／肉汁が浮いた時点で片面焼きで食べてもよい（『名門』ではねぎタンは片面焼き推奨）　3／気になる人は反対面を低温でサッと炙る。

ロースターについて

網がしっかりと温まってから肉を置くのが基本。加熱し油が網の中央に向かってジワっと集まってきたら焼き時。火に近い網の端部分は高温、中央に近い部分はやや低温になる。

カルビ（脂の多い部位）

1／サシが多いほど肉はピンク色に　2／脂が表面に浮いてきたタイミングで肉を返す。この時中央の低温部分に置く　3／どのくらい脂を落として焼くかは各自のお好みでOK。

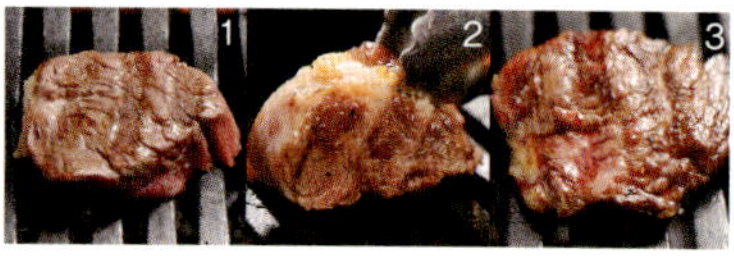

サガリ（赤身・厚切り）

1／高温部分で肉の表面を焼き、肉汁が逃げないようコーティング　2／同様に側面も焼く　3／低温部分に移し、“裏汁”と呼ばれる赤い汁が肉からにじみ出てきたら食べ頃。

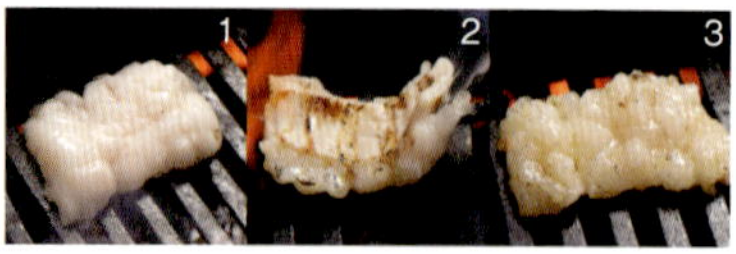

シマチョウ（脂の多い内臓）

1／脂のない皮を下にして高温部で焼く　2／皮がキツネ色になったらひっくり返す　3／脂がテラテラしてきたら食べ頃。旨みのある脂が外側にくるように丸めて食べる。

ミノ（脂の少ない内臓）

1／新鮮なミノの色はピンク色　2／焼面がキツネ色に焼けたらひっくり返す　3／肉間に汁が浮き出てきたら食べ頃。最初から白っぽい鮮度の落ちたミノはよく焼くこと。

名物店長（写真右）の愛称はヤッキー中村さん。肉汁を多く含む肉、臭みがないホルモンはそれぞれの脂の旨みを存分に楽しめる。店内の壁には訪れた芸能人から文化人、スポーツ選手までサインがびっちり書き込まれ、それを見ているだけでも楽しい店だ。

東京都新宿区舟町11　松川ビル1階　☎03-3357-7748　㊋17時～翌2時（土～翌1時、日・祝～24時）㊡月　㊋地下鉄丸ノ内線四谷三丁目駅4番出口から徒歩5分、都営新宿線曙橋駅A1出口から徒歩5分

肉の旨みはとにかく“肉汁”！ 焼いても肉汁が出ない肉はダメ。とはいえ、基本は“楽しく焼くこと”。ちょっとくらい焦げても旨いんやし、これがいっちばん大事やで！

教えてくれた人

『焼肉 名門』
店主 中村真敏さん

鶏肉

職人が丁寧に焼き上げる香ばしい旨さにしばし陶酔

焼鳥

炭火焼鳥 鶏敏

Area_ 恵比寿　Tel_ 03-6277-4385

東京都渋谷区恵比寿4-23-14 ASビル1階 (営)17時半～24時(23時LO)　(休)日・祝(祝は不定休)　(席)カウンターほか、全19席／全席喫煙可／カード可　(交)JR山手線ほか恵比寿駅東口から徒歩7分

[酒] (ビ)生中600円　(焼)グラス500円、ボトルキープ4500円　(日)グラス800円～　(ワ)グラス600円、ボトル3000円　※すべて税抜き価格

1／炭の香りをまとった鶏の旨みを存分に堪能させてくれる。特に鶏肉だけで作るだんご、レア気味で仕上げるレバーがおすすめだ。お酒は焼酎、ワイン、日本酒と各種充実している　2／身を取り除いたガラを使ったダシはほどよい脂と旨みがあり、〆にぴったり　3／旬材も炭火焼きで提供。「筍の木の芽焼き」（春のメニューより）

串に刺さる大きめに切られた肉は、埼玉の生産者から届く錦爽《きんそう》どり。朝〆されたもので、口の中で弾ける旨みは悶絶級。しかし、それを大きく謳うわけではない。「鶏もですが、焼きの技術こそ感じてほしい」と、店長の豊田敏壽さんは胸を張る。

その自慢の焼きを担当するのは熟練の職人。常に焼き台の前に立ち備長炭の火加減に留意。備長炭を使った強火&短時間で、焦げる手前の焼き目を実現。香ばしさが際立つも中は薄いピンクで瑞々しく、鮮度のよさを楽しませてくれるのだ。豊富に揃ったお酒とともに存分に味わいたい。

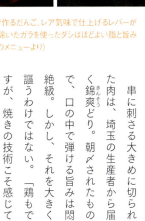

屋台から始まった半世紀を超える人気店

コース
3000円

海苔茶漬け
700円

アスパラ巻
600円

1／モモの塩焼き、タレで味つけしたレバー、ササミのワサビ焼き、手羽先など。コースには鶏スープやサラダ、箸休めの大根おろしが付く　2／カツオダシをかけて風味も豊か。あっさりとして〆にうってつけ　3／鴨の胸肉で巻き、アスパラとの相性も抜群だ

武ちゃん

Area_ 東銀座　　Tel_ 03-3561-6889

戦後間もなく八重洲で屋台を始めたのがこの店の原点。銀座に移転し、現店舗を構えてから半世紀以上を経た今でも、連日100人を超す客が訪れる人気ぶりだ。

焼き場を担当するのはこの道約40年の熟練の職人。鶏肉には名古屋コーチンを使用し、備長炭で秒単位にまでこだわった焼き加減で1本ずつ提供する。味つけはタレと塩のみならず、つくねはカラシ醤油で、皮には生醤油、鴨は自家製田楽味噌と共にと、それぞれの串に合わせた味付けで食べさせてくれる。

昭和の風情を残す店内で気軽に味わいたい。

東京都中央区銀座4-8-13　㊖17時～21時（20時半LO）　㊡日・祝　㊢カウンターほか、全30席／全席喫煙可／カード不可　㊫地下鉄日比谷線ほか東銀座駅A8出口から徒歩2分

［酒］㋪中瓶600円　㊕グラス500円、ボトルなし　㊐1合600円　㋻ミニボトル800円

これぞサラリーマンの聖地 風情あふれる老舗の名酒場

1／醤油とみりんで甘めの下味を付けた手羽に、小麦粉と片栗粉を練って粘り気を出した衣をつけて揚げる　2／モモ肉とレバーが入った1人用の鳥鍋　3　タレはサラリとした薄めと仕上げ用の濃いめの2種を使い分ける。塩は沖縄の海水塩を煎ってすり潰したものを使う

かやば町 鳥徳

Area_ 茅場町　Tel_ 03-3666-4692

明治時代後期に茅場町で創業。割り下で味わう名物「鳥鍋」などの鳥料理を中心に、代々受け継ぐ老舗の味を今に伝えている。約20種ある串焼きの中でも、特に人気を集めるのがオリジナルの「もつ」だ。ひと串に正肉、砂肝、レバー、ぼんじりの4種の部位を打ち、秘伝のタレで仕上げた逸品。頬張ればそれぞれの味の個性や食感の違いが楽しめて1本で4度美味しい。ほかにもつくねはふっくら焼き上がるよう挽き肉の配合や焼き方を工夫するなど秀逸の串がズラリ。店は趣ある一軒家。老いも若きも楽し気に集う古き良き名店だ。

東京都中央区日本橋茅場町2-5-6　㊎11時～13時半、17時～22時（21時15分LO）　㊡土・日・祝　㊛全146席／全席喫煙可／カード可　㊋地下鉄日比谷線ほか茅場町駅2番出口から徒歩1分

［酒］㋪生中600円～　㊔グラス500円～、ボトル2500円～　㊐150ml500円～　㋻グラスなし、ボトル3600円～

春のポテトサラダ
702円

パーラー江古田さんのバゲットとホップデュベル自家製パテ
1080円

輪郭が立った焼き上がりとベルギービールがマッチ！

おまかせ六本コース
2000円

1／わさび焼き、レバー、銀杏、皮、ハツ、つくね。コースはここに甲斐路軍鶏のスープも。ベルギービールと焼鳥は相性抜群　2／ポテトサラダは季節によって変わる。取材時は新玉ネギとグリーンアスパラ　3／鮮度のいいレバーを使って重すぎない味わいにしたというパテ

焼鳥 ホップ デュベル

Area_ 新橋　　Tel_ 03-3581-7773

新橋の路地裏。ぴっと輪郭の立った焼鳥に感動しつつ、旨いビールも味わう。至福である。弾力があってジューシーという中村農場の甲斐路軍鶏を串打ちし、店主の堀さんが供する焼鳥は〝攻めの焼き〟。ギリギリまで見極めて串を返さずに表を焼き上げつつ、中の旨みを溶かしていく。火を通して旨みを引き出しつつ、あくまでジューシー。部位ごとの味もくっきり。この焼鳥に、厳選された個性豊かなベルギービールがまたよく合うのだ。'17年10月には旗艦店『焼鳥國よし西新橋』もオープン。こちらでは焼鳥に合うワインを提案している。

東京都港区新橋3-3-4 駒倉ビル1階　(営)17時半～23時、土16時半～22時　(休)日・祝（FBで告知）　(席)カウンターのみ、全15席／全席禁煙／カード可　(交)JR山手線ほか新橋駅烏森口から徒歩5分

［酒］(ビ)樽生3種648円～、ベルギービール小瓶1242円～、大瓶2808円～　(焼)グラス972円～　(日)グラス864円　(ワ)グラス756円～、ボトル4104円～

松風地鶏、エル・フランス
こだわりの焼鳥をコースで

1／写真手前から時計回りに、松風地鶏のもも焼き、葉山葵と松風地鶏の昆布〆、うるいの酢味噌和え、自家製レバーパテ、自家製厚揚げ、スープ。内容は日替わり　2／旨みが凝縮した鶏肉と、とろふわの半熟卵が美味　3／うずらの卵は半熟の仕上がり。濃厚でクリーミーな味に衝撃を受ける

七鳥目

Area_ 広尾　Tel_ 03-6427-3239

完全無薬飼料で長期間大切に育てられた兵庫県の松風地鶏をはじめ、柔らかな肉質の千葉県の水郷赤鶏、国産フランスうずらの卵、エル・フランスなど、こだわりの食材で作る焼鳥が評判の店。メニューは5800円のコースのみ。先付に始まり、レバーパテ、串焼き、本日の一品など全8品。濃厚でクリーミーなエル・フランス、パリッと焼けた皮が美味なもも、ワサビをのせたジューシーなつくねなど、食材の持つ力を遺憾なく発揮させた焼鳥は見事のひと言。名物の凍結生レモンサワーをお供に、至福の時間を楽しみたい。

東京都港区南青山7-13-13 フォレストビル地下1階　㊖18時～23時（22時半LO）　㊡不定休　㊛カウンターほか、全15席／全席禁煙／カード可　㊫地下鉄日比谷線広尾駅3番出口から徒歩10分

[酒]㋪生グラス700円　㊢グラス750円　㊐1合800円～　㋻なし

1／手前からトリュフ塩が香るイベリコ豚350円、はらみ200円、脾臓300円、背肝250円、馬のハラミ280円（3日前までに要予約）　2／コースの串は肉が5種類。この他、口直しの野菜と蒸しもの、〆の小さな親子丼が付く　3／豆皿いろいろおつまみ盛り9種

焼鳥 きなり

Area_ 早稲田　　Tel_ 03-6457-3343

早稲田駅から徒歩1分という好立地に2017年1月開店。白檀の香りに誘われて階段を降りると、木目を生かした雅やかな大人の空間が広がる。懐石仕立ての「おまかせコース」は4200円からとリーズナブル。9種類の豆皿が木箱に収まった見目麗しい前菜が登場すると、そのコスパのよさに感激してしまう。串焼きはさび焼、丸はつ、ぼんじり、もも、せせりなど7本。火を入れ過ぎないフワリと柔らかな仕上がりが身上で、あっさりと食べやすい。お好みの串焼きや一品料理も多彩なので、あれこれ試したくなる。

東京都新宿区馬場下町62-18 早稲田武蔵野ビル地下1階　㈪17時半～23時LO、土・日・祝17時～22時LO　㈸不定休　㈾カウンターほか、全25席／全席禁煙／カード可　㊂地下鉄東西線早稲田駅3b出口から徒歩1分

[酒] ㋪生グラス580円　㊢グラス580円～　㊐グラス480円、1合720円～　㋻グラス780円～、ボトル3480円～

独学で追求した比内地鶏の旨みを店主渾身のフルコースで堪能

1／コースの焼物。ぷりんと跳ね返すような歯応えのねぎまや濃厚なレバーなど　2／前菜は日によって変わる。取材時は鶏皮ポン酢など　3／隠し味の利いた〆の親子丼。比内地鶏のモモとムネ肉を使用している

焼鳥本田

Area_ 八重洲　　Tel_ 03-3241-5011

路地裏に名店ありとはよく言うが、この店がまさにそう。メニューは焼鳥のおまかせコース1本のみ。使うは日本三大地鶏の比内地鶏だ。その力強い食感、旨み、香味は店主が「自分の目指す味に最適」と選び抜いた食材で、身が締まった雌の丸鶏を毎日使う分だけ捌いている。食べさせ方もいい。塩かタレの一辺倒でなく、ねぎまは塩で焼いてバルサミコ醤油をひと塗り、自家製鶏油を練り込んだつくねは仕上げに山椒をひと振りするなど、ひと串をひとつの料理と捉えて供する。店主渾身のフルコースを味わえば、唸ること必至だ。

東京都中央区八重洲1-7-13 元橋ビル1階　㊔17時半～22時半(22時LO)　㊡日・祝(土は不定休)　(席)全14席／全席禁煙／カード可　(交)JR山手線ほか東京駅八重洲北口から徒歩5分

[酒] (ビ)生750円～　(焼)なし　(日)グラス700円～　(ワ)グラス700円～、ボトル3500円～

名物焼鳥屋の
テリーヌ

名物コース
4500円
※内容はその日の
仕入れによって変更する
焼き手の技術の
高さを実感する
串の数々

小ぶりなオムライスと
モツ煮の合盛り

1／柚子胡椒をそえたササミ、手羽先は中にウズラの玉子を仕込んでいる　2／砂肝やナンコツなどを加えることで食感に変化を与えている　3／秘伝のソースで煮込んだ牛モツを小さなオムライスにかけて食す

スエヒロガリ

Area_ 中目黒　　Tel_ 03-6712-2233

〝ワインと楽しむ焼鳥〟をコンセプトに掲げる店。レバーやハツなどの内臓系は鮮度が自慢の「大山どり」、モモや手羽先は脂の甘みあふれる「信玄どり」と、部位ごとに2種類の鶏を使い分けている。メニューは「名物コース」のみ。皮のパリッとした食感がたまらない「皮つきモモ」や旨みが凝縮した「レバー」など、高い焼きの技術によって素材の味を引き出された多彩な串を堪能できる。コースの最後に供される、焼き鳥のタレで焼き上げる団子もひそかな人気で、お土産（8本入り960円・要予約）にテイクアウトしていく客も多い。

東京都目黒区上目黒3-6-4　営1部18時～20時、2部20時15分～22時半LO　休無休　席カウンターほか、全15席／全席禁煙／カード可　交地下鉄日比谷線ほか中目黒駅南改札口から徒歩1分

[酒] ビ生550円　焼グラス600円～、ボトルなし　日1合1200円　ワグラス700円～、ボトル3900円～

1／満腹でも抗えない〆メニュー。徳島県産「たむらのタマゴ」の美しい黄身に見惚れる　2／卵黄と生クリームで作る濃厚な味わい　3／3000円目安でストップした場合の一例。突き出し（お通し）540円込み

やきとり 阿部

Area_ 目黒　Tel_ 03-5422-9834

坊主頭にねじり鉢巻きが清々しい、店主の阿部友彦さん。目黒の名店『鳥しき』で修業を積み、独立。「目の前でお客さんの反応を見て、会話して、最高の状態で提供する。このライブ感に魅せられて、焼鳥の世界に入りました」と話す、若き実力者だ。

ここは定料金のコースはなく“おまかせ”が主体。肉汁が弾ける「かしわ」、肉厚で小気味よい歯応えの「せせり」、本わさびをのせた極レアの「ささみ」などが、絶妙な間合いで繰り出される。クセがない伊達鶏の串は、後口も軽やか。満腹になったらストップをかけるシステムだ。

東京都品川区上大崎3-3-4　㊪18時～23時最終入店（24時LO）　㊡日、月2日不定休　㊢カウンターほか、全17席／全席禁煙／カード可　㊫JR山手線ほか目黒駅東口から徒歩4分

［酒］㋪生648円　㊌なし　㊐グラス594円～　㋻グラス864円～、ボトル4104円～

鶏舎は日本で1軒のみ 幻の鶏"熊野地鶏"を 丸ごと堪能させる店

1／紀州備長炭で焼かれた串。梅焼きにのるのは、樹上完熟した梅で作った自家製梅醤。コースでは焼鳥、野菜、前菜の内容は基本的に日替わり　2／コースの前菜。濃厚でなめらかな「レバーペースト」は酒を呼ぶ味わい　3／トマトベースのキーマカレーも美味

地鶏スパイスキーマ
864円

焼鳥コース
3240円
焼鳥5本（梅焼き<胸>、レバー、皮身、砂肝、ねぎま）、野菜1本（あづまこべに）、焼きチーズ

焼鳥 味道《みどう》

Area_ 東日本橋　Tel_ 03-3865-2366

筋肉質な食感を楽しんでほしいと、使用するのは熊野地鶏の雄のみ。炭火でパリッと焼かれた皮の歯触り、高反発な肉質に驚かされる。かといって硬いわけではなく、むしろ噛むうちにコク深い旨みが口中にあふれてきて、もっともっとと欲してしまうのだ。野菜やチーズなども、産地を巡り素材を厳選。産直食材をメインに、昔ながらの製法で作られた調味料や塩などを使い、ひと手間かけつつも極力シンプルな味付けで提供される。やはり蔵を巡って揃えた酒の燗と合わせれば、たちまち旨さのループにハマるはずだ。

東京都中央区東日本橋2-9-4　営17時半～22時LO　休日、不定休　席カウンターほか、全12席／全席禁煙／カード可　交地下鉄都営浅草線東日本橋駅B3出口から徒歩3分

[酒] ビ生648円～　焼グラス648円　日180ml 864円～　ワなし

前菜から食事まで感動続きの焼鳥コース お供はワインで決まり！

1／箸休めは北海道産フルーツトマトのお浸しで、食事は土鍋炊きの鶏山椒ご飯。鳥一品のパテは6種の部位を使い多重な旨みと食感を楽しめる　2／上質な白レバーの豊かなコクを堪能できる　3／比内地鶏のレバーや網脂で巻いて肉汁を閉じこめたつくね、スダチの皮を振ったセセリなど

焼鶏 うぐいす

Area_ 神楽坂　Tel_ 03-6265-0759

この店の真骨頂を知るならば、まずはコースを。美しく盛り付けられた前菜や一品料理は、食材の滋味を引き出した繊細な味わいで、割烹さながらの出来映えだ。内容はその時々で変わるが、写真の「かぐらコース」では、とうもろこしのムースなどからはじまり、ヴィネグレットソースでいただく旬野菜のグリルに鶏のパテと、洋のテイストもたくみに取り入れている。気分が充分盛り上がったところで登場するのがメインの焼鳥だ。肉質の柔らかな大山どりを紀州備長炭で炙れば、鮮度抜群の瑞々しい身からジューシーな肉汁があふれ出す。

東京都新宿区神楽坂4-3-11 神楽坂つなしょうテラス3階　(営)17時～24時（23時LO）　(休)日・祝　(席)カウンターのみ、全12席／全席禁煙／カード可　(交)地下鉄有楽町線ほか飯田橋駅B3出口から徒歩3分

[酒] (ビ)生756円　(焼)グラス702円～、ボトルなし　(日)グラス756円～、2合2160円～　(ワ)グラス864円～、ボトル6264円～

親子丼

比内そぼろ丼　750円
（昼はサラダ、味噌汁、
漬物付きで800円）
2

3
つくね温玉添え
480円

比内地鶏の力強さと卵のコクを一杯に集約させたブレない旨さ

特製比内親子丼
1000円
（昼は味噌汁、漬物付き）
1

1／卵を3個使った迫力。あえて飾りたてない見た目にもグッとくる。比内地鶏の力強さと卵のバランスが素晴らしく、かき込む手が止まらない。ムネ肉に比べモモ肉は食べ応えを出すためやや大きめにカット。昼は限定25食前後。12時過ぎに売り切れることも。夜はハーフサイズもある　2／比内地鶏のモモ、ムネ、首肉を使ったそぼろ。生姜を利かせ、味噌と焼鳥のタレなどを加えて作る。昼は5食ほどの限定　3／つくねは夜の人気メニュー。温泉玉子を崩しながらどうぞ

泰然

Area_ 新宿御苑前　　Tel_ 03-6380-5228

結論から言おう。完全にやられた。この親子丼に。ぷるんとマーブル状にきらめく姿に矢も楯もたまらず頬張れば、比内地鶏の力強い旨みと卵の深み、汁がしみたご飯が完璧なバランスで口の中を占領。で、恍惚。店主の早川さん曰く、理想は卵かけご飯の延長だ。だから作る時に火が入り過ぎないよう蓋もしないという。比内のガラのダシと甘さ控えめのかえしに鶏の腹部分の脂を加えてまろみが出るよう味を調え、比内の卵1個と赤鶏の卵2個をかき混ぜ鍋に投入。何気なくチョチョイと仕上げるのにこの完成度。昼夜とも楽しめる傑作だ。

東京都新宿区新宿1-23-11　㊔17時～23時（月・木・金はランチ11時半～14時でご飯が無くなり次第終了）　㊡日　㊢カウンターほか、全16席／分煙／カード不可　㊛地下鉄丸ノ内線新宿御苑前駅2番出口から徒歩3分

［酒］㊦生小500円～　㊪グラス600円～、ボトル4000円～　㊐1合900円～　㋻なし

高級地鶏を惜しみなく使った都内屈指の丼

親子丼
1080円(大盛り可)

比内地鶏のムネ肉とモモ肉の2種類の部位を使用する。卵はあえてあまり混ぜずに火を通すことで、黄身と白身の味や食感の絶妙なコントラストを生むと共に、ふっくらとした口当たりになる

きすけ

Area_ 溜池山王　Tel_ 03-5570-2810

この丼との出合いは10年前のこと。以来、都内で親子丼といえば、真っ先に名前を挙げる店となった。使用するのは秋田の契約農場から届く比内地鶏で、広大な土地で育った鶏肉は歯を押し返すような弾力と力強い旨みにあふれている。それをやさしく包むのが濃厚なコクをもつ奥久慈卵。米粒と混じり合い喉を通り抜けていくトロトロの半熟具合は、まさに贅沢なＴＫＧ！砂糖は加えず、醤油とみりんだけで作るあっさりとした割り下が、さりげなく鶏肉と卵をつないでいる。高級地鶏を使用しつつ、コスパも抜群な珠玉の一杯だ。

東京都港区赤坂2-10-16 赤坂スクエアビル1階　㊇11時半〜15時、18時〜21時(20時45分LO)　㊡土・日・祝　(席)カウンターほか、全26席／昼は全席禁煙、夜は全席喫煙可／カード可(5000円以上の場合)　(交)地下鉄銀座線ほか溜池山王駅11番出口から徒歩2分

[酒](ビ)中瓶750円　(焼)グラス600円〜、ボトル3500円〜　(日)1合600円〜　(ワ)なし

6種類のダシを極めた至福の親子丼、ココにあり！

1／冬菇やイリコなど6種類のダシの風味と卵のコクを見事にまとまった一杯。夜は親子丼のみの注文はNGなので注意　2／あっさりとしたダシに九条ネギの食感とぶどう山椒の風味が利いた甘さ控えめの味　3／ワインのお供に最適なひと皿だ

文鳥

Area_ 亀戸　　Tel_ 03-6884-1855

「究極」の名に相応しい計算された親子丼だ。割烹出身の店主が作るそれはダシが決め手。岐阜県の冬菇《どんこ》に千葉県のイリコ、日高昆布に徳島県の宗田鰹の厚削り……その数何と6種類！　研究に研究を重ねた配合で自慢の一杯を完成させた。卵は色が美しい黄身と甘い食味に惹かれたという岡山県産の卵で、毎日新鮮な産みたてが届けられる。鶏肉はみずみずしさを持つ「大山どり」。表面にゴマ油を塗って備長炭でたたき風にするひと手間も旨さの秘訣だ。もうひとつの定番「京味親子丼」は、酒にも合うよう考案されたもの。こちらも逸品だ。

東京都江東区亀戸2-23-10 鳥居ビル2階　(営)11時半～14時（13時半LO）、17時半～23時（22時LO）、土17時半～23時（22時LO）　(休)日・祝　(席)全11席／全席禁煙／カード可　(交)JR総武線ほか亀戸駅北口から徒歩1分

［酒］(ビ)生580円～　(焼)グラス650円～、ボトル3200円～　(日)グラス650円～　(ワ)グラス480円～、ボトル2900円～

玉手箱に詰まった美味の共演
味変も楽しめる鶏ダシもお見事

3

1

1／親子丼を別椀に盛って追加のダシをかければお茶漬けも楽しめる　2／「塩たたき丼」と「あられ丼」のハーフ丼　3／特選はモモやハツなど各部位とそぼろ、玉ネギが入る。海苔を添えたご飯はダシで炊いた茶飯か白飯か選べる

2

人形町 花

Area_ 人形町　　Tel_ 03-6661-0240

竜宮城の玉手箱ならぬ、こちらはゴロゴロと大きい鹿児島産「赤鶏さつま」と、京都丹波の艶やかな卵が織り成す美味の玉手箱。蓋を開ければ好々爺みたく目尻が下がる至福の瞬間、見ればモモに首肉のせせり、ハツ、そぼろまで入っている。しかもご飯は釜で炊いた白飯か限定の茶飯か選べるという、これぞイチオシ「特選鳥玉手箱」だ。食べ方もひと捻り。まずはそのまま、次に卵黄を崩して、そして柚子胡椒や大葉など薬味で味に変化を、〆は好みで「鳥出し汁」を追加してお茶漬けに。ひと品で3度も4度も美味しい絶品のひと皿だ。

東京都中央区日本橋人形町2-24-6　㊋11時～14時LO、17時～23時（22時LO）、土・日・祝11時～15時LO、17時～22時（21時LO）　㊡不定休　㊛全32席／昼は全席禁煙／夜はカード可　㋜地下鉄日比谷線ほか人形町駅A3出口から徒歩5分

［酒］㋪生580円　㊌グラス480円～、ボトル3280円～　㊐1合870円～　㋻グラス500円、ボトル3980円　※すべて税抜き価格

銀座が沸いた！名店が誕生させた親子丼専門店

特上親子丼（鶏スープ付き）1460円

信玄鶏の塩親子丼（胡椒味、鶏スープ付き）1000円

1／卵はいろいろ試して選んだ奥久慈卵で、特製鶏スープと高級調味料を使った秘伝の割り下で仕上げる。最後はセットの鶏スープでお茶漬け風に食すのもおすすめだ　2／鶏スープと塩で味付け。仕上げにコショウをトッピング　3／コーチンのガラと野菜で毎日仕込む鶏スープを使う

親子丼専門店 ○勝《まるかつ》

Area_ 銀座　Tel_ 03-3567-8080

焼鳥の名店『ばぁーどはうす○勝』が手掛ける親子丼専門店。まあ兎にも角にも純系名古屋コーチンの雌鶏を使った看板丼を味わってほしい。本店で仕入れる愛知県の稲垣種鶏場に生産量の確保を相談し、約半年かけて卵、米、醤油まで追求した親子丼の真骨頂を！ 肉はどこをすくっても必ずレンゲに何個か入る食べやすい大きさにこだわり、あえてコーチンの卵でなく濃厚かつクセのない奥久慈卵で一体感を出すよう仕上げている。底の米粒ひとつにまで行き渡るたっぷりの汁と、長ネギ＆玉ネギの食感の楽しさも特長。ぜひ試してほしい。

東京都中央区銀座4-4-1 銀座Aビル2階　㊪11時半～15時（14時半LO）、17時～21時（20時半LO）※売り切れ次第終了　㊡水、第3木（種鶏場の状況により休業あり。GW・夏季に不定休あり）　㊫全9席／全席禁煙／カード不可　㊦地下鉄日比谷線ほか銀座駅B1出口から徒歩2分

［酒］㋪500円　㋛なし　㊐180ml 1200円　㋻なし

江戸から受け継ぐ東京しゃもを使ったこだわりの親子丼

東京軍鶏 親子丼
（ランチ、軍鶏スープ・
サラダ・香物付き） 1490円

1／「東京しゃも」のモモとムネ肉を使用。カツオと昆布の一番ダシをベースにした甘過ぎず飽きのこない味。ゴボウが入るのもアクセントだ。夜はミニ丼のみ　2／東京軍鶏とフォアグラ親子丼（ランチ、軍鶏スープ・サラダ・香物付き）1900円　3／東京軍鶏焼鶏5本セット（前菜6点盛り、焼鳥5種）2000円

3

2

根津 鶏はな 両国 江戸NOREN店

Area_ 両国　Tel_ 03-6658-8208

「東京しゃも」は脂肪が少なく、弾力と赤身の旨さが際立つ伝統の味。その希少な食材の親子丼を気軽に味わうならこの店が間違いない。根津の本店のほか約2年前に構えた両国店でも、あきる野市の浅野養鶏場から届く東京しゃもや水郷赤鶏の丼を用意している。割り下は一番ダシをベースにしたキレのある甘さで、使う卵も鶏の銘柄によって3種を使い分ける徹底ぶり。ゴボウのササガキを入れるアイディアも抜群で、食べ飽きることがない。フォアグラとしゃもを組み合わせたりと、お！ と思わせる個性派丼にも拍手。

東京都墨田区横綱1-3-20　営11時～14時、17時半～21時　休月　席全36席／全席禁煙／カード可（VISA、MASTERのみ）　交JR総武線両国駅西口からすぐ

［酒］ビ生550円～　焼グラス550円～、ボトルなし　日90ml340円～　ワグラス670円、ボトル3000円～

中央区	銀座	ル・ヴァンドゥ	牛	ステーキ	P.11
	人形町	そよいち	牛	牛かつ	P.35
	日本橋	ミートビストロ・タン	牛	ローストビーフ丼	P.46
	八重洲	や満登	牛	ステーキ丼	P.50
	月島	韓灯	牛	牛鍋	P.57
	銀座	銀座 とん㐂	豚	カツ丼	P.79
	銀座	銀座梅林 本店	豚	カツ丼	P.82
	銀座	煉瓦亭	豚	カツサンド	P.84
	東銀座	とんかつ にし邑	豚	カツサンド	P.85
	銀座	GINZA 1954	豚	カツサンド	P.88
	銀座	Bar THE HAMILTON	豚	カツサンド	P.89
	東銀座	武ちゃん	鶏	焼鳥	P.94
	茅場町	かやば町 鳥徳	鶏	焼鳥	P.95
	八重洲	焼鳥本田	鶏	焼鳥	P.99
	東日本橋	焼鳥 味道	鶏	焼鳥	P.102
	人形町	人形町 花	鶏	親子丼	P.107
	銀座	親子丼専門店 ○勝	鶏	親子丼	P.108
千代田区	神田	俺の肉	牛	焼肉	P.14
	小川町	京都勝牛 小川町	牛	牛かつ	P.34
	有楽町	ザ・ペニンシュラ東京 ザ・ロビー	牛	ステーキ丼	P.51
	神田	すき焼 ゑびす本廛	牛	牛鍋	P.54
	秋葉原	丸五	豚	とんかつ	P.65
	神田	もつ焼き 煮込み 鶴田	豚	焼きとん	P.76
	淡路町	勝漫	豚	カツ丼	P.83
	小川町	ポンチ軒	豚	カツサンド	P.86
豊島区	池袋	味道苑	牛	焼肉	P.19
	池袋	ホルモン焼 柳	牛	ホルモン	P.31
	東池袋	UCHOUTEN	牛	ハンバーグ	P.38
	池袋	No.18 HAMBURGER & DININGBAR	牛	ハンバーガー	P.42
	池袋	嬉嬉豚とんかつ『君に、揚げる。』	豚	とんかつ	P.67
中野区	沼袋	やきとん たつや	豚	焼きとん	P.75
文京区	湯島	炭火ホルモン ハルマキ	牛	ホルモン	P.27
	千駄木	とんかつ みづま	豚	とんかつ	P.69
港区	新橋	焼肉×バル マルウシミート 新橋店	牛	焼肉	P.16
	麻布十番	龍叶苑 麻布店	牛	焼肉	P.24
	三田	ホルモンまさる	牛	ホルモン	P.26
	三田	モン・トレゾール東京	牛	ローストビーフ丼	P.49
	新橋	とみたや	牛	牛鍋	P.56
	新橋	あぶり清水 HANARE	豚	焼きとん	P.74
	新橋	焼鳥 ホップ デュベル	鶏	焼鳥	P.96
	広尾	七鳥目	鶏	焼鳥	P.97
	溜池山王	きすけ	鶏	親子丼	P.105
目黒区	自由が丘	ハンバーグ&ステーキ 腰塚 自由が丘正面口店	牛	ステーキ	P.8
	中目黒	スエヒロガリ	鶏	焼鳥	P.100
武蔵野市	吉祥寺	ステーキハウス さとう	牛	ステーキ	P.9
神奈川県	武蔵小杉	ロース焼肉専門店 肉酒場	牛	焼肉	P.21
	桜木町	洋食キムラ 野毛店	牛	ハンバーグ	P.41

エリア別検索ガイド

大田区	蒲田	the 肉丼の店	牛	ローストビーフ丼	P.47
	池上	とんかつ 燕楽	豚	とんかつ	P.66
	蒲田	もつ焼 煮込み いとや	豚	焼きとん	P.72
北区	赤羽	肉処 香月	牛	焼肉	P.18
	駒込	とんき	豚	とんかつ	P.68
江東区	亀戸	文鳥	鶏	親子丼	P.106
品川区	鮫洲	焼肉 乙ちゃん	牛	焼肉	P.20
	不動前	焼肉しみず	牛	焼肉	P.23
	五反田	肉料理それがし	牛	牛鍋	P.55
	大森海岸	お座敷洋食 入舟	豚	とんかつ	P.70
	目黒	やきとり 阿部	鶏	焼鳥	P.101
渋谷区	渋谷	リベルタン	牛	ステーキ	P.6
	恵比寿	Salt 恵比寿	牛	ステーキ	P.13
	渋谷	ホルモン千葉 渋谷店	牛	ホルモン	P.29
	神泉	キッチン ハセガワ	牛	ハンバーグ	P.37
	恵比寿	黒毛和牛バーガー BLACOWS	牛	ハンバーガー	P.45
	千駄ヶ谷	ふじもと	豚	カツ丼	P.80
	恵比寿	炭火焼鳥 鶏敏	鶏	焼鳥	P.92
新宿区	新宿	肉亭 ふたご	牛	焼肉	P.17
	新宿三丁目	焼肉ホルモン 龍の巣 新宿三丁目店	牛	ホルモン	P.30
	神楽坂	肉会席 ゆかわ	牛	牛かつ	P.33
	四ツ谷	CRUZ BURGERS	牛	ハンバーガー	P.43
	四谷三丁目	Island Burgers	牛	ハンバーガー	P.44
	神楽坂	和牛贅沢重専門店 神楽坂 翔山亭	牛	ローストビーフ丼	P.48
	新宿	京王プラザホテル オールデイダイニング〈樹林〉	牛	ステーキ丼	P.53
	高田馬場	とんかつ ひなた	豚	とんかつ	P.60
	高田馬場	とんかつ 成蔵	豚	とんかつ	P.64
	神楽坂	本家 あげづき	豚	とんかつ	P.71
	四ツ谷	とんかつ鈴新	豚	カツ丼	P.78
	早稲田	ワセカツ! 奏す庵	豚	カツ丼	P.81
	早稲田	焼鳥 きなり	鶏	焼鳥	P.98
	神楽坂	焼鶏 うぐいす	鶏	焼鳥	P.103
	新宿御苑前	泰然	鶏	親子丼	P.104
墨田区	押上	ホルモン和	牛	ホルモン	P.28
	押上	お肉の専門店 スギモト本店 東京スカイツリータウン店	牛	ステーキ丼	P.52
	曳舟	もつ焼き じろちゃん	豚	焼きとん	P.77
	両国	根津 鶏はな 両国 江戸NOREN店	鶏	親子丼	P.109
世田谷区	下北沢	ル・モンド 下北沢店	牛	ステーキ	P.12
	用賀	焼肉 ホドリ 用賀店	牛	焼肉	P.22
	経堂	洋食バル ウルトラ	牛	ハンバーグ	P.39
	池尻大橋	洋食や“B”	豚	カツサンド	P.87
台東区	浅草	ちんや亭	牛	ステーキ	P.10
	谷中	焼肉 炭聖 谷中店	牛	焼肉	P.25
	御徒町	牛かつ あおな 御徒町本店	牛	牛かつ	P.32
	御徒町	KURAUZO	牛	ハンバーグ	P.36
	田原町	浅草グリルバーグ	牛	ハンバーグ	P.40
	蔵前	とんかつ すぎ田	豚	とんかつ	P.62
	御徒町	ぽん多本家	豚	とんかつ	P.63

おとなの週末《しゅうまつ》責任《せきにん》編集《へんしゅう》
検索不要《けんさくふよう》！
最高《さいこう》の一軒《いっけん》が見《み》つかる！
東京《とうきょう》 肉《にく》 おいしい店《みせ》

2018年12月7日　第一刷発行

著者　おとなの週末編集部《しゅうまつへんしゅうぶ》

制作　株式会社 講談社ビーシー
編集　おとなの週末編集部
取材　おとなの週末スタッフ一同
撮影　おとなの週末スタッフ一同
アートディレクション　藤井耕志（Re:D Co.）
デザイン　平林美咲、矢代美菜萌（Re:D Co.）
発行者　川端下 誠／峰岸延也
編集発行　株式会社 講談社ビーシー
〒112-0013　東京都文京区音羽1-2-2
電話：03-3943-6559（出版部）

発売発行　株式会社 講談社
〒112-8001　東京都文京区音羽2-12-21
電話：03-5395-4415（販売）
電話：03-5395-3615（業務）

印刷・製本所　図書印刷株式会社

ISBN978-4-06-514150-2 Printed in Japan

9784065141502

1920076013003